FUNDAMENTOS DA FÉ

Mário Machado

FUNDAMENTOS DA FÉ
Respostas às muitas dúvidas da vida espiritual

Copyright © Palavra & Prece Editora Ltda., 2011.
Todos os direitos reservados. Nenhuma parte desta obra pode ser utilizada ou reproduzida sem a expressa autorização da editora.

Fundação Biblioteca Nacional
Depósito legal na Biblioteca Nacional,
conforme Decreto nº 1.825, de dezembro de 1907.

Coordenação editorial
Júlio César Porfírio

Revisão e diagramação
Equipe Palavra & Prece

Capa
Sérgio Fernandes Comunicação

Impressão
Escolas Profissionais Salesianas

Dados Internacionais de Catalogação na Publicação (CIP)
(Câmara Brasileira do Livro, SP, Brasil)

Machado, Mário
  Fundamentos da fé : respostas às muitas razões da vida espiritual / Mário Machado. – São Paulo : Palavra & Prece, 2011.

  ISBN 978-85-7763-187-2

  1. Deus - Amor 2. Espírito Santo 3. Fé 4. Oração 5. Renovação Carismática Católica 6. Vida cristã I. Título.

11-01981   CDD-248.44

Índices para catálogo sistemático:

1. Fé : Vida cristã   248.44

PALAVRA & PRECE EDITORA LTDA.
Parque Domingos Luiz, 505, Jardim São Paulo, Cep 02043-081, São Paulo, SP
Tel./Fax: (11) 2978.7253
E-mail: editora@palavraeprece.com.br / Site: www.palavraeprece.com.br

ÍNDICE

APRESENTAÇÃO 7
PREFÁCIO 9
DEUS É PAI, DEUS É AMOR 13
TER FÉ 19
O PECADO 25
JESUS CRISTO 33
CONVERSÃO 39
IGREJA 45
ORAÇÃO 53
PAI NOSSO 61
REZAR 77
AVE-MARIA 81
INTERCESSÃO 87
CURA 95
FRUTOS DO ESPÍRITO SANTO 109
EUCARISTIA 127
FUNDAMENTOS DA SANTA MISSA 143
EQUIPES 147
O QUE SOMOS? 163
UNIDADE 171
SEMINÁRIO DE VIDA NO ESPÍRITO SANTO 177
CRIAÇÃO 181
O PECADO 185
A SALVAÇÃO 191
QUEM REALIZA A MINHA SALVAÇÃO 197
COMO E PARA QUE PERMANECER VIVENDO COMO SALVO? 203
FONTES PESQUISADAS 207

Apresentação

Conheci o Mário Machado há alguns anos. Conheci também a fé do Mário Machado. O vi muitas vezes presente às celebrações que eu mesmo presidi. Mas ao ler antecipadamente este livro, por solicitação dele mesmo, então posso dizer que o conheço, agora, mais profundamente e, especialmente, as razões de sua fé e de sua vida cristã, até porque muitas das razões atuais da vida do Mário são razões justamente advindas da fé.

O fato é que muito podemos dizer da fé. Muito podemos falar da vida, seja ela pessoal, cristã ou eclesial. Porém, juntar estas três realidades numa só reflexão é algo profundamente integrador. Também é certo que tem outro sentido, quando tudo o que dizemos e falamos, venha de uma experiência pessoal que se faz acontecer por anos e anos de vida. Ah! Então, sim, aquilo que somos capazes de dizer vem com a aprovação do tempo, da experiência e da reflexão amadurecida.

Ao apresentar o livro do Mário Machado, gostaria de dizer a você que pode ser que o que encontrará aqui lhe faça pensar e o leve a se posicionar a favor ou contra. Alguns temas são realmente polêmicos. Mas o que posso dizer é que há aqui, no livro do Mário Machado, um enfoque verdadeiramente profundo, surgido das entranhas de um coração que buscou sempre colocar-se diante de Deus, para dizer-lhe com humildade: "Ensina-me, Senhor, Tuas palavras me bastam".

O que o Mário buscou fazer foi dizer, a seu modo e à sua maneira, aquilo que sua experiência de fé lhe trouxe como certeza. E para isso buscou estudar, interpretar e aprofundar o que o seu pensamento revelava.

Portanto, não são palavras de um conhecimento único, senão palavras de sabedoria eclesial.

Nas próximas páginas você encontrará muitas certezas da vida e da fé do Mário.

Boa leitura...

Pe. Adilson Schio, ms
Coordenador Provincial dos Missionários
de Nossa Senhora da Salette, no Brasil

Prefácio

Em setembro de 1978, duas pessoas muito conhecidas e admiradas nas Igrejas da Região Norte; a Irmã Josefina e Maria Gabriela, foram fazer um retiro espiritual (Experiência de Oração), com o Fradão e sua equipe.

Voltaram entusiasmadas com o que viram e aprenderam deixando-nos também muito interessados.

Deu-se assim o início, do primeiro grupo de oração da zona norte, que se realizava todas as sextas-feiras à noite, na creche conhecida como creche da Irmã Josefina na zona norte de São Paulo, capital.

Em 1980 foi iniciado um grupo de oração na igreja Nossa Senhora da Salette, com a permissão do então Vigário Padre Santo MS. Acredito ter sido um dos primeiros grupos de oração a acontecer dentro de uma Igreja.

Em 1982, como membros desse grupo de oração, minha esposa Doly e eu assumimos a coordenação do grupo e permanecemos como líderes até o ano de 2004.

O crescimento e a aceitação pela vida nova que nos chamava a viver foi tamanho que em pouco tempo já tínhamos um bom número de convictos preparados para levar tais novidades a outras igrejas.

Começava assim a formação de novos grupos de oração em todas as igrejas da zona norte de São Paulo, Capital.

Unidos partíamos para proclamar essa nova expressão de vida pelo Espírito Santo realizando, nas igrejas, seminários de Vida no Espírito Santo e Experiência de Oração.

Dava gosto ver a quantidade de grupos aumentando e crescendo em conhecimento, na sabedoria do entregar-se e do viver; cada vez mais sedentos de conversão. As adesões eram sinceras e compromissadas, decididas e atuantes.

Cenáculos fantásticos que cresciam assustadoramente de ano para ano, chegando, por vários anos, a ultrapassar a capacidade de lotação do Estádio do Morumbi. Uma verdadeira apoteose humana glorificando a Deus e exaltando a

Igreja. Com grande facilidade convocávamos cerca de 120 Ministros da Eucaristia e mais de 400 coletores, somente da zona norte.

Foi assim o início daquilo que Deus nos chamou a realizar com Ele.

Assim queremos que continue: Deus por nós e em nós realizando por nós a vontade d'Ele.

DEUS

Quando não se considera os fundamentos podemos tomar desvios perigosos que nos leva a nada, e nada é nada; é a maior distância de Deus que é tudo.

> Quem quiser saber verdadeiramente quem é
> tem que conhecer verdadeiramente quem Deus é.

Deus é Pai, Deus é amor

Só pode ser pai quem tem "poder" de ter filho. Só é pai quem "quer" ter filho. Só é pai quem "tem" filho.

"PODER – QUERER – TER."

Ser pai é poder gerar de si mesmo um filho e assim poder dizer a si mesmo: "Este é o meu filho muito amado em quem pus todo meu afeto". "O meu ser".

Ser pai é ver o seu querer se realizando e o seu ser se perpetuando.

"Eu sou o querer de Deus realizado". Só existe história de "PAI" na vivência dele com o filho.

Deus é Pai porque é AMOR. Deus é AMOR porque é PAI. Só Deus pode criar por ser AMOR.

Só Deus é AMOR, só Deus. Só Deus pode ser e ter AMOR por alguém.

O AMOR quer ser amado. Deus, sendo AMOR, quer ser amado.

Deus gera de si mesmo Seus filhos para que amando-os seja também por eles amado.

Lembre-se, criando Ele disse: "FAÇA-SE"; ao nos criar foi diferente: "FAÇAMOS".

Foi Deus quem me quis, me criou sem me consultar, eu não existia. Criou-me para partilhar comigo o Seu SER.

DEUS AMOR cria de si mesmo o filho para ser com Ele uma só vida.

Na convivência com o Pai, o filho aprende a amá-l'O. Cresce amando o Pai, aprendendo com o amor do Pai saberá ser AMOR para amar outros.

O pai e o filho se realizam. O Amor que é o pai e agora o AMOR que é o filho se relaciona no amar do pai para o filho e no amar do filho para o pai.

O AMOR, que é Deus, realiza Sua igualdade com o filho, não no SER, mas no ter amor.

"O filho não pode ser Deus, mas Deus pode ser Deus com o filho."

O filho, sendo um com o pai, reconhece sua dependência do pai. Amando-O, glorifica-O com seu amor. O amor do filho ao glorificar o pai, glorifica-se a si mesmo também.

O amor quer sentir-se honrado pela reciprocidade do filho. O filho, na medida em que vai experimentando o amor do Pai, vai crescendo em si o seu amar o Pai.

Deus-Amor é a força que transforma a alma dos filhos para Ele, Deus, poder, pelos filhos, transformar a alma do mundo.

Vejamos: Deus é amor. Só Deus é amor. Se dissermos que Deus tem amor, estaremos restringindo a grandeza infinita de Deus. A essência de Deus é amar. (Deus não tem amor, DEUS É AMOR). Como é o amar de Deus para com você? O que é amar?

Amar é: *"Tudo o que é meu é teu inclusive eu."* (Jo 17,10).

No amor de um pai está, de maneira implícita, a obrigação de cuidar do seu amado filho, certo?

No amor de Deus por você está inserida uma "obrigação divina" de salvá-lo; cuidando de tudo que for necessário para tal. A História confirma.

No amor está, de maneira natural, a ação de perdoar, de salvar, de curar, de fazer todo o necessário para se ter o filho, o amado, ao seu lado. No amor de um pai está a disposição de morrer, se preciso for, pelo filho.

Para que o pai possa ser verdadeiramente amado pelo filho, o filho precisa ter do pai a liberdade e a capacidade de decisão: em aceitar ou não a querência do pai.

"Seduziste-me Senhor e eu me deixei seduzir." (Jr 20,7).

Na medida em que o filho vai crescendo, cresce mais o seu envolvimento no "seu ser como o pai é" ("O meu viver é fazer a vontade do meu Pai"). Vai pedindo e recebendo, do que é seu, para realizar a vontade do Pai que, naturalmente, é também a sua vontade.

Fundamentos da Fé

Deus é nosso Pai e quer que sejamos sempre como "um filho criança", buscando, como dependentes que somos, o que já é nosso e que está com ele para nos dar, sabendo Deus que realmente necessitamos do que pedimos.

Nem por isso, nós, Seus filhos, nos sentiremos devedores de obrigações, mas sim, capacitados a amá-l'O como Pai que é, sentindo-nos perfeitamente Seus filhos.

Somos criados à imagem e semelhança de Deus. Em assim sendo podemos, nas devidas proporções, ver em Deus um pouco da nossa imagem e semelhança.

No decorrer dos tópicos a serem abordados vamos aceitando verdades importantes que devem mudar nossa maneira de ser na busca da fé; "nossa entrega correta a Deus" para uma íntima participação daquilo que Deus é e tem para nós.

Como ajuda: Conheço um casal de jovens na comunidade, casado há algum tempo e o filho desejado não vinha. Enfim nasceu uma bela menina. Fiquei sensibilizado com a alegria deles com a criança. Que cena maravilhosa do "amor" eu presenciava.

Concluí: Essa criança recebendo tal manifestação de amor, por parte dos pais, estaria sendo gerada por esse amor recebido. Esse amor recebido iria gerar nela um sentimento de amor, agora, dela para com seus pais. Tal sentimento jamais seria superado por qualquer outro tipo de amor. Circulava e circularia sempre entre eles o "amor dos pais para com ela", e por esse amor recebido, um amor dela pelos pais seria a reciprocidade, tão grande quanto o amor que recebia.

Se permitirmos conviver com Deus, o amor d'Ele para conosco irá fazer com que sintamos ser vida em nós o amar a Deus com o amor que Ele tem por nós.

Assim como o bom filho ama seus pais acima de tudo, iríamos nós amar a Deus sobre todas as coisas. Encontraríamos, assim, o verdadeiro sentido da vida, "amar e ser amado".

> Recordando: "Quem quiser saber quem é, tem que saber quem Deus é."
> Se Deus é maravilhoso, "eu, em Deus", sou também maravilhoso.
> Se Deus é livre, de nada depende, "eu em Deus", também livre sou.
> Se Deus é feliz, "eu em Deus", o sou também.
> Se Deus é a paz, também "eu, em Deus", sou a paz.

Se Deus tem força para fazer o que fez por nós em Cristo Jesus, "eu em Deus", serei também a força de Deus para ser o que devo ser, no meio da minha família e da minha comunidade.
Se Deus é um vencedor, "eu em Deus", o serei também.
Se Deus é "amor por mim", em Deus, "eu serei amor por Deus" e para o próximo.

Tudo o que Deus quer ser em mim e por mim só será possível se "eu estiver em Deus".

Foi assim o testemunho de vida dos Apóstolos para nos provar tal "Caminho, tal Verdade, tal Vida".

"Eu vivo, mas não sou eu, é Cristo que vive em mim." (Gal 2,20).

Se desviarmos dos fundamentos, desviamos da vontade de Deus em nos tirar da ignorância espiritual.

O Apóstolo Paulo vai dizer: *"Pelo evangelho que preguei, por ele sois salvos (da ignorância em primeiro lugar) se estais guardando tal qual ele vos foi pregado por mim.*

De outro modo tereis abraçado a fé em vão." (1Cor 15,2).

Jesus nos diz: *"Eu estou no Pai e o Pai está em mim. O que eu falo é o Pai que estando em mim, realiza a sua obra – Crê, eu estou no pai e o Pai está em mim"* (Jo 14,10).

(É quando eu estou em Deus, que Ele realiza através de mim a sua obra).

"Faça-se em mim (ou por mim) conforme a Sua palavra" disse Maria ao Anjo de Deus.

Jesus Senhor e eu seu servo, deve ser tudo o que devo, ardentemente, querer e suplicar.

"É Jesus quem nos autoriza a chamar a Deus de Pai." Lembre-se sempre disso.

Jesus veio nos revelar o que Deus quer que saibamos: Ele nos criou, Ele é nosso Pai e nós somos os Seus filhos. Assim é como devemos nos relacionar com Ele, Deus Nosso Pai e nós Seus filhos amados.

Deus quer de nós esse relacionamento: pai, meu pai, embora Ele seja o Deus todo-poderoso, criador de todos e de tudo na face da terra.

Deus quer relacionar-se com cada um de nós na alegria de ser nosso Pai. Quer dialogar, quer saber o que se passa com Seu amado filho, para ensinar e orientar. Deus quer também participar e alegrar-se com a felicidade do filho. Mesmo sendo um pai importantíssimo Ele sempre terá tempo para uma intimidade com Seu amado filho.

Busque ter com Deus essa intimidade, converse com Ele naturalmente, pergunte-lhe o que você quer saber sobre Ele e sobre você. Partilhe com Ele suas dificuldades, pedindo conselhos de como agir.

Enfim, tudo o que você quiser se livrar, tudo o que você quiser saber, simplesmente converse com Ele.

Ele é o Deus todo-poderoso, é verdade, mas é Ele que quer com você esse relacionamento de pai para filho e de filho para pai.

Não pense que, em assim sendo, você não estará respeitando-o como o Deus todo-poderoso.

Respeitar a Deus como meu Senhor e meu Deus é ser o que Ele mais quer de você: Que você o ame com o amor que Ele tem por você. "Tudo o que é seu é de Deus, inclusive você."

Concluindo: Deus é amor. Só Deus é amor. O amor quer ser amado; isto é próprio do amor. Não existe o amor não existindo o amado. Você, o amado de Deus, é a prova da existência de Deus que é amor.

Amar é: "Tudo o que é meu é seu, inclusive eu". É assim que Deus é para você. Deus não lhe ama, Deus é amor todo por você. Ele quer que tudo o que é d'Ele seja seu, principalmente Ele.

É o amor que conquista o amado. Capacita-o para que, com o amor que é amado, ele possa também amá-lo da mesma forma: "Tudo o que é meu é seu, inclusive eu". Ele quer que tudo o que é seu seja d'Ele, inclusive você.

Grave bem isto: Deus não tem nada para lhe dar; não tem paz, não tem saúde, emprego, alegria, felicidade, nada, absolutamente nada a não ser Ele com tudo o que Ele é e pode.

Se Deus tivesse alguma coisa para lhe dar, Ele não seria Deus-Amor.

TER FÉ

A fé - O que é ter fé?

Sabemos que fé é um dom de Deus. Se ela é de Deus é só Ele que a tem. Concorda?

O pai é quem tem fé no filho. O pai é quem tem tudo para que o filho possa ser o que ele quer ser, de maneira a agradar o pai.

Não se esqueça de que falamos de relacionamento de amor.

O que o filho quer ser é tudo aquilo que agrada ao pai e por agradar ao pai isso se torna seu sonho na vida. "A Minha vida é fazer a vontade do Meu Pai", disse Jesus.

Portanto, a fé do pai pelo filho se torna a fé do filho pela unidade com o pai. Amém?

Eu não posso ser Deus, mas eu posso permitir que Deus seja por mim. Esse meu permitir é fruto da fé que Deus tem por mim e que se tornou minha fé por Ele.

"Eu vivo mas, não sou eu, é Cristo que vive em mim." (Gal 2,20).

Paulo está dizendo que "ele permite" que Cristo realize, "por ele", "com ele" e "nele", a vontade que se tornou para ele fundamento da sua vida.

Veja, ele, Paulo, permite que Jesus o use.

Não pode existir fé se não houver minha permissão para que Jesus me use para algo que Ele queira realizar, em mim, ou, através de mim. Isto é fundamental ser bem entendido.

Como "dom ou graça" de Deus é: "Deus se doa"; querer o dom da fé é ter plena consciência de que Deus quer ser Ele através de mim, sendo, antes, Ele em mim e eu n'Ele.

Se pudéssemos dimensionar o tamanho da fé que Deus nosso Pai tem para cada um de nós, poderíamos afirmar que ela é do tamanho da "anunciação, do nascimento, da vida, da paixão, da morte, da ressurreição, da subida ao céu e de Pentecostes", tudo junto.

É muito grande, é infinita a fé que Deus nosso Pai tem para cada um de nós, Seus filhos.

> "*Creio Senhor, mas aumentai a minha fé.*" (*Mc* 9,24). O pai da criança já sabia quem era Jesus, e qual era a sua missão. (Convencer-nos a crer n'Ele como o "Filho de Deus").

Para se crer em Jesus é preciso conhecê-l'O. Para conhecê-l'O é preciso participar da Igreja, povo de Deus, pois é na Igreja que assistimos conversões maravilhosas e que convivemos com pessoas, verdadeiros referenciais da presença de Deus em suas vidas.

É na Igreja que tomamos conhecimento dos santos, de suas lutas e vitórias.

É fundamental a intimidade com a Palavra, para se ter o gosto de meditá-la e vivê-la.

Inicia-se, assim, uma vida permeada de experiências que nos faz perceber uma qualidade de vida até então nunca experimentada. Reconheço o meu crer ao perceber meu interior diferente, minha mente se torna positiva, o gosto pela Palavra me faz um necessitado dela.

Descubro, então, a fé, "Deus sendo" em mim, meu novo modo de ser.

Acreditando chego a crer, crendo chego à fé, tendo fé quero crer mais, "conhecer, experimentar" mais para poder crescer na fé; minha nova vida, Deus em mim e eu n'Ele.

Este é um processo que se inicia pela graça de Deus em cada um de nós e que se concretiza pela colaboração nossa ao Espírito Santo, aquele que realiza por nós os Seus dons fazendo-nos Seus instrumentos de santificação.

> "*É preciso que eu vá, pois se eu não for o Paráclito não virá.*" (*Jo* 16,7-9; 14,26).

É o Espírito Santo quem abre o coração de cada um dos escolhidos para a entrada triunfal de Jesus Cristo com Seu modo de ser e viver.

Tenha em mente uma coisa: Deus não tem nada, coisa alguma, para lhe dar, a não ser Ele com tudo o que é e tem para você.

"Você não pode ser Deus, mas Deus pode ser Deus por você."

"Deus em você e por você é a sua fé."

A definição de "graça ou dom" é: "Deus se doa". Grave para sempre esta verdade de fé.

Pedir a Deus que aumente a minha fé é estar me oferecendo a Deus para que Ele me prepare, me condicione e me use para o próximo.

"A tua fé te curou, a tua fé te salvou." É pela fé que eu me curo e me salvo em Jesus.

A fé me faz querer que todos tenham experiência com Deus em suas vidas.

A fé me faz esquecer meus problemas (Deus cuida de mim), pensando somente nos problemas dos outros (Deus e eu somos para os outros).

O que você acha: É fácil ter fé? É bom pedir o dom da fé? Temos condições de ter fé?

A resposta é não.

"Creio, Senhor, mas aumentai a minha fé." A fé começa e cresce com o crer.

Crer é mais que acreditar, muito mais. "CRER" é vida que deseja, quer aquela outra vida.

Crer em Jesus é não se conformar mais com a vida que tenho.

Quem começa conhecer Jesus, "começa a crer" na vida que Jesus tem e oferece a nós.

"Jesus anuncia a chegada do Reino e faz o convite à conversão."

CRER é o nosso desejar – O dom da fé é o realizador do nosso crer, do nosso desejar.

FÉ é Deus em nós, assumindo nossa vida pela nossa fé, nosso sim.

É pela fé, dom de Deus em nós, que autorizamos o Espírito Santo a assumir nossa vida com a nossa colaboração.

É Deus que nos convence querer e nos capacita a termos Ele, a termos fé.

A fé que Deus tem em nós será a nossa fé que teremos em Deus nosso Pai.

Portanto, se não nos esforçarmos seguindo caminhos fundamentados na verdade não sairemos do nosso marasmo; continuaremos nos enganando, perdendo tempo e comprometendo a Igreja de Cristo Jesus.

No Antigo Testamento (A.T.), Deus só se comunicava com os Seus escolhidos: profetas, reis, anciãos. Estes eram os interlocutores entre Deus e Seu povo. Quando o povo se desviava dos mandamentos, Deus usava de Seus escolhidos para adverti-los de seus erros, e lembrá-los dos prodígios que Ele havia realizado em favor deles. O povo tinha que confiar neles para saber que era Deus falando.

No A.T. não existia condição do homem do povo ter fé; não existia relacionamento deles com Deus. Eram só os escolhidos que percebiam Deus se manifestando para dialogar.

"A fé do povo em Deus era a sua obediência aos profetas."

Jesus, sendo Deus, veio como homem e Deus para estabelecer a condição de todo homem e de todas as mulheres se relacionarem diretamente e pessoalmente com Deus.

No Novo Testamento (N.T.), "você não precisa mais de interlocutores para falar ou ouvir a Deus".

Agora, por Jesus, com Jesus e em Jesus você pode ser um homem, uma mulher de fé.

A mesma fé que foi a vida de Jesus para com o Pai; agora nosso Pai e nosso Deus.

Foi Jesus que revelou a Paulo Apóstolo para que os cristãos hebreus soubessem da riqueza que é a vida na fé. Veja bem, "vida na fé e não na vida com fé".

"*É a fé que faz o viver e não o viver que faz a fé. O viver é que se oferece à fé.*" (*Hb* 11,1-7).

Como *São Paulo* diz, "*a fé é um modo de já possuir o que ainda se espera, a convicção acerca de realidades que não se veem*".

Fundamentos da Fé

Possuir o que não se tem, convicção do que somente se crê, é vida espiritual, sobrenatural, ou seja, Deus sendo Deus por mim, vida que não se explica, mas, se vive.

Eu diria que, racionalmente falando, seria mais ou menos isto: Você está na pior situação que se possa imaginar, sem dinheiro, sem casa, com fome, cansado e sem onde ter como repousar o corpo. É uma sexta-feira à tarde, banco fechado, você coloca a mão no bolso e encontra uma aposta na loteria, confere com os resultados e confirma: Ganhei o prêmio máximo, uma fortuna. Lembre-se é sexta-feira e você só vai poder receber a sua fortuna na segunda-feira quando o banco abrir.

Imagine sua alegria, sua fantástica alegria por saber que da segunda-feira em diante não existirá mais problemas em sua vida. Certamente sua alegria seria tamanha, que todos os seus problemas reais seriam como que inexistentes. Embora tivesse que conviver com eles até segunda-feira, sua paz e sua felicidade não seriam ofuscadas pela realidade.

Use este exemplo, somente como ajuda, para iniciar uma caminhada na beleza da vida na fé que Cristo conquistou para você, exclusivamente para você.

Tenho certeza que este exemplo não o ajudará em nada a entender realmente o dom da fé, porém, deve conscientizá-lo de que vale a pena orar, se entregar a Deus para que Ele o condicione no suplicar da graça para viver na fé.

A fé racional. A fé pelo interesse.

Como somos pessoas racionais, usamos o racional para processar informações que nos chegam pelos sentidos: da visão, do ouvido, do paladar, do tato, do olfato. Processamos e concluímos nossas decisões: gostei, não gostei, prefiro este e não aquele, e assim por diante.

Quando o assunto se refere à fé, também o nosso racional quer participar. Concluiu ser interessante e quer ter fé. Enche-se de conhecimentos, sente alegria naquilo que entende e se julga estar vivendo pelo dom da fé.

A fé quando é racional (da cabeça da pessoa), se percebe pelo seu relacionamento com Deus:

— Jesus me cura, me liberta, tira meu filho das drogas, meu marido da bebida, me arranja um emprego, enfim, faz de Jesus o seu servo; Jesus faça isto, Jesus vai lá, Jesus venha aqui.

Aqui se vê que é incapaz de se oferecer a Jesus para juntos salvar o filho e o marido perdidos no mundo.

Ele é o senhor e Jesus seu servo.

Não sabe orar, só rezar; não é capaz de alcançar e participar da grandeza dos Sacramentos.

Dado a comentários negativos: Missa cansativa, sermão longo demais, assim por diante.

É aquele que assiste a Missa, não tem condições de celebrar com Jesus a sua salvação.

A fé racional é normal. Ela vem primeiro. Depois ela deve se juntar com a fé dom de Deus.

Antes de vivermos pela fé, dom de Deus, percebemos uma luta íntima: a fé racional querendo complicar a fé dom de Deus. Os famosos "por que isto, por que aquilo, por que assim?"

É difícil a obediência à Igreja pela fé racional. Sempre contestando alguma coisa, inconstante, chegando até ao abandono das práticas religiosas.

> Lembre-se sempre: "Quem tem o Espírito Santo é a Igreja" e só quem é Igreja o é pelo Espírito Santo para a vida na fé pelo mesmo Espírito.

O PECADO

O tamanho do estrago é o custo do reparo

> Sou fumante "porque fumo."
> Sou fofoqueiro "porque faço fofoca."
> Sou mentiroso "porque gosto de mentir."
> "Pelo que pratico, revelo quem sou."
> Sou pecador "porque peco." Peco "porque sou pecador."
> Sou mal "porque faço o mal."
> Faço o mal "porque não sei fazer o bem."

A *Bíblia* diz que fomos gerados no pecado, então é por isso que somos pecadores.

Sendo assim, não temos culpa. Certo? Certíssimo.

Quem não conhece a verdade não sabe nada sobre a mentira. A mentira é a sua verdade. Quem não conhece a verdade, nunca vai saber que ele é o errado, que é um pecador, e estará sempre acrescentando aberrações no seu ser e vivendo como tal.

É isso que somos, é isso que seremos. Não temos escapatória.

Quem começa a conhecer, experimentar a verdade, começa a rejeitar algumas mentiras. Começa a ser diferente. Quem começa a ser diferente, começa a perceber outras mentiras.

O "pecado" é "o mal". Como evitar o mal na minha vida se eu sou pecador?

Lembre-se: "O tamanho do estrago é o custo do reparo".

> O custo do reparo é:
> "O anúncio" (*Lc* 1,26-38). "O nascimento" (*Lc* 2,1-21). "A vida" (*Lc* 3,21 até 23,46).
> "A paixão e a morte e Morte de Jesus na cruz" (*Lc* 22,1-23,1-56). "A Ressurreição de Jesus" (24,1-49). "A Sua subida aos céus" (*Lc* 24,50-53; *At* 1,4-11). "Vinda do Espírito Santo sobre os Apóstolos" (*At* 1,12-2,1-13).

Da "anunciação à Maria até Pentecostes" vemos Deus Implantando "Sua Igreja" no meio dos homens.

Por Maria chegou e pela Igreja continua até nós "a graça" (Deus se doa), para a reversão do ser pecador para a santidade. "Sede santo como vosso Pai é Santo." (*Lc* 6,36).

Ser pecador é aquele que sabe como pecar. Seremos sempre pecadores. Saberemos sempre pecar. Ninguém precisa nos ensinar a matar, roubar, dar falso testemunho e muito mais.

A diferença, é que agora sabemos que somos os únicos culpados por todo dano que causamos em nós mesmos por pecar. O grande pecado passa a ser agora "o nosso"; não aceitar a salvação conquistada por Jesus Cristo.

Aceitar a salvação é pertencer àquele que nos torna, pela verdade, em condições de rejeitar toda mentira graças ao conhecimento pleno e convicto da verdade.

A função da verdade é desmascarar a mentira.

Portanto, pecar agora é negligenciar – não se interessar pela importância de conhecer a Cristo.

Ser pecador agora é não saber quem eu sou por não querer saber quem Deus é.

Nunca deixaremos de ser pecadores, porém podemos dar testemunho de quem está na luta contra o pecado.

Enfraquecer-se na busca da vida nova por causa do presenciar o pecar dos outros, deve receber de nós toda atenção e cuidado.

> "Do antigo adversário veio a desgraça, mas do seio virginal da Filha de Sião germinou aquele que nos alimenta com o pão do céu e garante para todo gênero humano a salvação e a paz.
> Em Maria é nos dada de novo a graça que por Eva tínhamos perdido. Em Maria, mãe de todos os seres humanos, a maternidade, livre do pecado e da morte, se abre para uma nova vida.
> Se era grande a nossa culpa, bem maior se apresenta a divina misericórdia em Jesus Cristo, nosso salvador."
>
> (Prefácio: Maria a nova Eva, na oração Eucarística)

Antes (A.T.) era o homem, conduzido por leis, assim, ele se salvava e ajudava outro a se salvar.

Eram conduzidos a uma vida de salvação pelos profetas, homens escolhidos e orientados por Deus.

A anunciação e o nascimento de Jesus foram profetizados para realizar uma nova e perfeita salvação.

Salvação significa que, sem ela, morreremos todos por causa do pecado.

Morrer significa sofrer aqui, agora e para sempre; viver o inferno a partir de agora.

A história do homem sempre mostra muita violência.

O pecado fez do homem o ser mais violento da face da Terra. Como antes, presenciamos hoje tal verdade.

Todos nós fazemos parte dessa verdade. Somos também violentos. Somos pecadores.

Sabemos que somos errados, mas não conseguimos deixar de cometer erros.

Por isso, volta e meia, estamos machucando outros.

Fazemos o mal acontecer, sem perceber nossa culpa.

O mal pode não ser normalmente por palavras, gestos, mas também por displicência ou pouco caso.

Há muitos meios de ser fonte do mal.

Tudo, todo mal é realizado pelo homem em seu estado de pecado; "com Deus", porém, "sem ser de Deus".

Até praticando o bem, o fazemos em estado de pecado: "Eu sou bom", "eu não sou como ele", "se todos fossem como eu". Pecado da autossuficiência, da prepotência, da vaidade, da falsa humildade, etc.

Somos assim porque perdemos a capacidade do "bom senso".

Presenciamos pela TV, jogadores, quando vitoriosos, levantam a camisa do clube exibindo uma sua, branca, com dizeres: "Só Jesus salva" ou "Jesus é o Senhor".

Interessante: esses mesmos jogadores, quando perdem o jogo, não repetem tal gesto. Por que será?

"Somos pecadores." "Pecamos." Mas, o máximo é a vida em "estado de pecado." Que tristeza.

Ficamos totalmente privados da vida da graça (Deus se doa). Passamos a viver da misericórdia de Deus.

Por causa do "estado de pecado" não sabemos colaborar com Ele. Não percebemos Deus querendo nos ajudar. Clamamos, mas não sentimos Sua presença, nem Sua ajuda.

Estado de pecado é, quando envolvidos pela nossa convicção, não permitimos Deus gerar em nós o dom da fé, o jeito de viver uma correspondência com o querer d'Ele. Eu em Deus e Ele em mim. O que Deus quer é exatamente o que eu quero, e o que eu quero me é inspirado pelo Espírito Santo como o que Ele quer de mim.

Deus quer ser o meu perdão, mas eu quero odiar, me vingar. Deus quer que eu me doe, mas eu vivo para tirar vantagens. Não há em mim nenhum respeito ao querer de Deus e muito menos ao do próximo.

O "estado de pecado" (afastado de Deus) me leva a viver uma vida suplicante, sem ter a alegria de que vou ser atendido, pois não sinto Deus se preocupar comigo.

O "estado de pecado" é quando, por ter cometido algo muito grave, perco em meu viver a capacidade de encontrar a paz interior. Sem essa paz cresce em mim uma insatisfação sem limites e sem saber como e porque. Nada me faz feliz. Tudo me aborrece e me entristece.

A misericórdia de Deus vem em meu auxílio, para acontecer em mim "o dom do arrependimento".

Arrependo-me, graças a Deus. Reconheço meu erro. Estou pronto para receber de Deus outros dons para reparar o mal que fiz e que me faz mal, muito mal.

Tranquilamente rejeito minha fraqueza.

"O perdão de Deus" pelos pecados cometidos é graça, "Deus se doa", para os "arrependidos", a fim de que saibam e consigam superar suas fraquezas, rejeitando tal condição humana.

"O nosso arrependimento" é a maior vitória de Deus que podemos testemunhar.

"Não existe libertação do pecado sem arrependimento."

"O arrependimento é o maior sim que podemos dar a Deus."

"Ninguém se arrepende se não pecar."

O arrependimento não deverá ser porque errei, mas porque sou capaz de errar e com certeza vou errar novamente.

Errei, pequei, está feito, não tem mais como desfazer o que foi feito de errado, ou o que se deixou de fazer de correto. Tudo é passado, não volta mais para ser corrigido. Se errei, se pequei é porque sei errar, sei pecar e sou capaz de fazê-lo tudo de novo.

Arrepender-se é, portanto, uma decisão tomada, com o propósito de estar sempre atento a não cometer mais aquilo que normalmente sou levado a ser e cometer, pois agora tenho plena convicção de que não devo e não quero mais agir assim.

Arrependimento é o conhecimento pleno de que eu, estando em estado de intimidade com Deus, terei condições plenas de portar-me com humildade, transformando situações difíceis em situações de ressurreição.

> *"Aos arrependidos Deus concede o caminho do regresso, e conforta aqueles que perderam as esperanças; e lhes dá a alegria da verdade." "Anda na companhia do povo santo (Igreja) com aqueles que vivem e proclamam a glória de Deus." "Louva a Deus antes da morte, o morto, como quem não existe, já não louva." "Após a morte nada mais há, o louvor terminou. Glorifica a Deus enquanto viveres; glorifica-o enquanto tiveres vida e saúde..."* (Eclo 17,20.25.26b.27).

Nunca serei livre do "ser pecador", mas em Deus, minha realidade será uma postura de quem é mais que sua própria natureza.

"Sede santo, como vosso Pai é Santo." (Lc 6,36).

Pecar é da natureza humana. Arrepender-se é obra de Deus, espiritual, sobrenatural, impossível a nós, racionais.

Portanto: "Peça o dom do arrependimento enquanto o pecado estiver só no pensamento".

Vigiar os pensamentos é importante exercício da vida cristã. Tudo começa com o pensamento.

Se nossos pensamentos são inspirados pelo Espírito Santo, eles são de vida plena, caso não, só vão complicar ainda mais nossa vida.

> *"Se dizemos que não temos pecado, enganamo-nos a nós mesmos, e a verdade não está em nós. Se reconhecermos os nossos pecados (Deus aí está), fiel e justo para nos perdoar os pecados e para nos purificar de toda iniquidade. Se pensarmos não ter pecados, nós o declaramos mentiroso e a sua palavra não está em nós. Se alguém pecar, temos um intercessor junto ao Pai, Jesus Cristo, o justo. Ele é a expiação pelos nossos pecados, e não somente pelos nossos, mas também pelo de todo o mundo." (1Jo 1,8-2,2).*

Toda vez que você peca, peca porque não viu nem conheceu Jesus (*1Jo* 3,6).

Sempre que estiver pecando é porque você não quer ver nem ouvir Jesus.

"O ser pecador" pode, por quanto tempo assim permanecer, fazer com que viva fora da graça? (Tenho Deus, mas Deus não me tem).

O amor de Deus, pode-se dizer, é tão preferencial ao pecador que a graça, caminha lado a lado com ele para ajudá-lo a não pecar e dar condições para sair do pecado, são e ileso.

O povo de Israel pede a Moisés: *"Pecamos falando contra ti e contra Deus. Intercede por nós para não morrermos pela picada das serpentes. E Deus manda fazer uma serpente de bronze, colocá-la numa vara, para que não morram aqueles que olharem para ela"* (*Num* 21,4-9).

São Paulo testemunha sua salvação quando maior era sua vida no pecado (*1Tim* 1,12-13).

As parábolas de Jesus sobre a ovelha perdida (pecador pecando – desligando-se do povo de Deus). O Bom Pastor deixa as noventa e nove protegidas e vai atrás da perdida (o pecador).

Fundamentos da Fé

Quando a encontra (convence o pecador a pertencer a Ele tirando-o do mundo que o escraviza). Coloca-a sobre os seus ombros e volta com ela, mostrando a todos sua alegria por ter a sua ovelha recuperada (os convertidos se alegram com Jesus por cada pecador que se converte). (Lc 15,1-7).

A moeda perdida (pecador em seu estado de perdido). A mulher percebe que das dez moedas, dracmas (pecadores sob sua proteção), faltava uma (Jesus percebe a falta de qualquer pecador em conversão). Ela acende uma lâmpada (luz para iluminar o pecador) e diante da luz ele se mostra, a moeda é vista. A mulher varre a casa (o pecador se mistura com a sujeira do mundo) e a procura como quem sabe o que quer encontrar. Encontrando-a, reúne suas amigas e vizinhos (que certamente sabiam quem Jesus estava salvando) que aflitas, por serem intercessoras, esperavam aquele momento de alegria pela vitória de Jesus e do pecador amado. (Lc 15,8-10).

O filho pródigo (esbanjador, dissipador). A situação estava péssima, é verdade. (situação de todo pecador quando chega ao fundo do poço). Nem a comida dos porcos, tal era a fome de livrar-se da situação, ele podia comer.

Caiu em si (reconheceu sua decisão estúpida para consigo mesmo), e pode assim ver a verdade: o amor que o Pai tinha por ele e toda proteção que o cercava quando junto ao Pai.

Percebe tudo, percebe quem é o Pai e percebe quem foi ele. Arrepende-se (consciência de quem errou e sabe que vai errar de novo, vai continuar sofrendo misérias. Tudo lhe fica claro: seu lugar, sua vida só pode ser junto ao Pai).

Pelo sofrimento, a graça, Deus se doa, consegue fazer com que nós vejamos com clareza a importância de caminhar, de viver com Deus.

Volta arrependido, todo arrependido não consegue ter exigências, a sua disposição é de total entrega.

O Pai já estava esperando-o, ou melhor, sempre esperava sua volta, arrependido, ou seja, totalmente curado para poder acolher e se firmar com Deus, na casa do Pai, sua Igreja.

O filho mais velho não gostou da recepção, alegria do Pai, para com o irmão que voltara. Ele sendo pecador, não se descobria como tal, ficando assim, sem condições de arrependimento e sem permitir a alegria por ser amado pelo Pai.

"Filho, tu estás sempre comigo, e tudo o que é meu é teu."

A parábola termina com as palavras do Pai querendo convencer o filho mais velho de que sendo ele o pai, não podia ser como ele queria que o fosse. (*Lc* 15,11-32).

"Eu não vim chamar os justos, mas os pecadores." (*Mt* 9,13b).

Sem arrependimento, conhecimento do bem e do mal, não é possível reconciliação.

O homem não necessita aprender com ninguém, é natural nele o saber pecar; faz parte.

Pecar é especialidade do homem.

Arrepender-se é a especialidade da graça ao homem.

Ela faz com que o homem perceba ter sido criado para o bem; capaz de fazer boas obras na liberdade com que Deus o criou.

> Diz o ditado popular:
> O mal que me fazem não me faz mal.
> O mal que me faz mal é o mal que eu faço.
> Pois o mal que eu faço me faz "mau."
> Esta é uma verdade comprovada.

JESUS CRISTO

Senhor e Salvador

Jesus é Senhor pela própria natureza "Ele é Deus".

"Só Jesus é Salvador porque Ele é o Senhor."

Ao criar-nos já sabia Deus que iríamos pecar – criou-nos já com o plano da salvação.

Senhor é aquele que tem propriedade e seus servos vivem do cuidar da propriedade do seu senhor.

Esta seria uma definição humana do que é ser um senhor na terra.

O senhorio de Jesus é totalmente diferente, pois faz parte do que somos, você e eu; somos d'Ele.

"O Jesus é meu Senhor, sendo eu servo d'Ele, seremos um só." Senhor e servo, servo e Senhor.

Eu participo da vida d'Ele e Ele participa da minha vida.

Eu trabalho para Ele e Ele trabalha comigo. Somos um só na lida da minha vida.

Ele sempre é Deus e meu Senhor. Tal verdade será vida na medida em que vou sendo servo d'Ele.

Ser servo não é fazer o que Jesus quer; ser servo é querer ardentemente que Jesus seja por você o que você tem que ser. Ele é o "amor" e eu o Seu amado para vivenciar, ter minha vida, pelo Seu amor por mim.

Não existe senhorio de Jesus na minha vida se eu não me tornar um servo d'Ele.

Jesus sendo Senhor e Deus pode e quer me transformar no servo que Ele precisa.

Jesus me quer como Seu servo para que eu O tenha como Senhor da minha vida, libertando-me do mundo para que eu possa fazer parte do Seu Reino de amor.

> ORAÇÃO: "Coração de Jesus, nós confiamos em vós. Vós sois o chefe desta casa. Vós sois a Pessoa mais importante do nosso lar. Queremos neste momento renovar nossa consagração ao Vosso Coração; não queremos ter em casa, não queremos fazer coisa alguma que ofenda o Vosso olhar. Não queremos dizer palavra alguma que o Vosso ouvido não tolera. Somos e queremos ser Vosso. Jesus manso e humilde de Coração, fazei o nosso coração semelhante ao Vosso. AMÉM."

Ser servo de Jesus é alcançar a plenitude da vida. É ser livre para permitir-se transformar o seu ser num estado natural de amar e perdoar. É não ser inimigo de ninguém, pelo contrário é se entregar a Jesus para que todos façam uma experiência d'Ele em suas vidas.

Reino de Deus é Jesus reinando e realizando comigo.

Essa é a verdade que vamos experimentando, como tal, no dia a dia de nossa nova vida. É nessa experiência de Deus que vamos consolidando em nós a vida nova em Cristo Jesus. Vamos sabendo que fazemos parte do Reino implantado por Jesus na terra dos homens.

Na medida em que vamos nos aprimorando em ser servos de Deus, cresce em nós a alegria e uma maior intimidade; passamos, assim, a vivenciar uma vida de amizade com Deus.

Amizade com Jesus: participo do que Ele é e quer, porque eu pertenço a Ele.

Essa é a vontade de Deus a seu respeito.

> "Não vos chamo de servos, mas sim, amigos", disse Jesus, "pois ao servo não lhe é revelado toda verdade, mas somente ao amigo."

A Igreja de Cristo, Católica Apostólica Romana, não é o Reino, mas é nela e por ela que acontece o Reino de Deus na terra para os homens; "vivendo no mundo, do mundo sem ser do mundo".

- Não existe salvação não existindo o senhorio de Jesus.
- Não existe "servo de Jesus nem amigo de Jesus" sem a salvação acontecendo.
- Jesus Senhor e Salvador na minha vida é Deus me querendo como Seu servo.
- Jesus é o meu Senhor desde que eu seja o seu servo.
- Jesus é meu Salvador desde que "eu" esteja me salvando n'Ele.

Se não tivermos consciência de que não sou eu quem decide, quem programa a minha salvação, não saberei como colaborar com a graça de Deus.

Ficarei esperando a misericórdia de Deus, quando deveria já estar vivendo na graça d'Ele. Se Deus luta para conquistar-nos e salvar-nos, nossa colaboração também será de luta para que Deus nos salve. Portanto: "O sucesso do senhorio de Jesus no plano da sua e da minha salvação vai juntar-se à minha e à sua colaboração".

Veja a importância da Igreja criada por Jesus aos Seus escolhidos.

Escolhidos são os que buscam graças (Deus se doa) para saberem e conseguirem "colaborar" com Jesus.

São Bernardo: "Escolhidos são os que Deus coloca neles (sem que o saibam) o desejo de conhecer a Deus".

Quem sente o desejo de conhecer a Deus, realiza o Seu querer na sua participação como membro da Igreja.

> "Celebram com Jesus, pela graça de querer a graça." "Sim" faça-se em mim conforme a Vossa palavra.

Na medida em que vamos sabendo, vamos entendendo; na medida em que vamos entendendo vamos celebrando.

Não somos mais "só assistentes" mas, agora, "celebrantes"; participantes ativos da presença salvífica de Jesus nos Sacramentos. Vida nova em Cristo.

Busquemos esta verdade maravilhosa, que é nossa em Jesus Cristo, e sintamos a grandeza divina de ajudar irmãos a se conscientizarem de que, realmente, devem buscá-la também como nós, na Igreja.

Quem realiza, quem concretiza o pecado é o corpo; porém ele é desenvolvido na mente (alma). O corpo é submisso à alma (mente).

> "É na alma (mente), que se processam os sentimentos de: medo, ódio, vingança, mágoas, vaidade, autossuficiência, tristeza, angústia, violência, imoralidade, covardia, enfim tudo o que é próprio da cultura do povo da época."

Deus nos criou com espírito; uma parte do nosso ser intimamente ligado à alma (mente), que se comunica com Deus ou por onde Ele se comunica com a gente.

Alguns estudiosos chamam de "coração" um escritório onde Deus trabalha.

Pelo "coração", o espírito trabalhando em nós, recebemos as informações vindas de Deus que nos seduzem.

É pelo espírito que sabemos estar certos ou errados no querer de Deus. É o espírito que convence a alma (mente) sobre isso.

"Salvação" é, pois um investimento do próprio Deus em nós, a fim de que nossa alma passe a ser submissa ao nosso espírito enriquecido sobremaneira pelo Espírito Santo.

Sendo o corpo submisso à alma e a alma ao espírito, passamos a ser uma manifestação concreta: corpo, alma e espírito, da presença autoritária de Deus.

Assim, o corpo, a alma e o espírito, eu, você, teremos uma vida de louvor, de agradecimento e colaboração maior, cada vez mais, aos impulsos do Espírito Santo de Deus.

Isso é salvação conquistada pelo senhorio de Jesus.

Salvação é o perdoar de Deus aos que se arrependem. Ou seja, continue derramando sobre eles Vossas graças e bênçãos.

> "Pai perdoai-os, pois eles não sabem o que fazem." (*Lc* 23-34).

Lá na cruz, Jesus realizou a graça; Deus se doa à nossa salvação.

Esse é o fundamento: Jesus, o Senhor, mais a minha colaboração, resultam na minha salvação. Eu me torno Seu servo e Seu amigo passando a ser um operário com Jesus, na salvação dos irmãos como Igreja de Cristo.

Toda salvação chega até você por alguém que foi usado por Jesus na realização da vontade d'Ele.

Tem uma vida de salvação aquele que está sendo usado por Jesus para salvar outros.

Cumpre-se, assim, na sua vida, a palavra: "Amai-vos uns aos outros como Eu vos amo".

Amar o próximo é Jesus amando-os, seduzindo-os através de você.

CONVERSÃO

Descobrindo os caminhos que levam à conversão

A fé, o querer de Deus em sendo por nós, nos leva à conversão.
Conversão é um caminhar no gostar de ser de Deus para o próximo.

A "conversão" nos dá um prazer enorme em praticar o "bem"; tanto no se relacionar como nas atitudes concretas.

Um crescer constante no participar da Igreja, a ponto de sentir-se Igreja, Corpo Místico de Cristo; com irmãos formando um só corpo que se relaciona pela cabeça, Cristo Jesus.

Um perceber em si mesmo uma normalidade em rejeitar tudo aquilo que desagrada a Deus. Pela graça de Deus o dom da fé em nós nos faz pessoas diferentes das do mundo. Um sentir de que tudo que desagrada a Deus, desagrada também a nós.

Um perceber que não fazem mais parte da nossa vida a fofoca, julgamentos, avareza, palavrões, piadas sujas e tantas outras coisas mais, dando-nos a impressão de sermos incapazes de voltarmos a ser o que éramos.

Vamos percebendo em nós problemas interiores como: vaidade, inveja, autossuficiência, falsa humildade, prepotência, mágoas, raiva, ódio e todos os sentimentos ruins pertencentes ao homem do mundo do qual ainda somos um pouco ou muito.

Quando paramos para assistir a duas pessoas jogando tênis de quadra, ou uma turma jogando vôlei e sendo eles péssimos no que jogam, no começo até damos risada, mas rapidamente nos aborrecemos e damos o fora. Não somos capazes de assistir quem joga muito mal.

Podemos concluir: eles jogam mal porque não são "jogadores", "estão só brincando", não estão interessados em ser bons naquilo. Correto?

Porém, os que estão querendo jogar bem, querem fazer do esporte que praticam um jeito de projetar sua imagem e sua satisfação interior. Têm treinadores, orientadores, submetem-se a tudo que for necessário para alcançar o objetivo. Não é assim? Pois bem:

- "Conversão" é para aqueles que, como Igreja que são, buscam a graça para que aconteça neles uma perfeita vida cristã.
- A "conversão" faz com que não mais censuremos e nem nos afastemos daqueles que se portam mal como cristãos dentro da Igreja.
- A "conversão" nos torna capaz de, não só aceitar, mas nos oferecermos a Deus como instrumento de ajuda para o irmão aceitar e ser esclarecido pelo Espírito Santo.
- A "conversão" nos faz reconhecer em nós o mesmo desvio espiritual, comportamento anti-cristão, que presenciamos nos irmãos.
- A "conversão" se torna para cada um sua luta interior contra tudo de errado que lhe é revelado, graças à sua colaboração ao Espírito Santo.
- A "conversão" vai nos tornando um referencial cristão para os irmãos na comunidade social e religiosa.
- A "conversão" faz acontecer uma abertura cada vez maior para o crescimento da nossa fé, e pelo dom da fé vamos nos condicionando a um crescer na conversão.
- A "conversão" nos proporciona retornos agradáveis por parte dos irmãos que nos incentivam e fortalece nosso caminhar na convicção.
- A "conversão", fruto da fé, nos faz perceber que nossas orações vão se tornando força que nos direciona aos objetivos de Cristo em nós.
- A "conversão" nos alegra pelo pouco que crescemos em função do muito que ainda há para crescer, sem nos desanimar, pelo contrário, dando-nos coragem e muita vontade para ser mais.
- A "conversão" é como disse Santa Tereza D'Ávila: "Eu ainda estou em reforma. Tenham paciência. Jesus não terminou a obra em mim começada".
- A "conversão" não é só praticar o bem, não é só querer ser o bom, o justo; os maus também praticam o bem e se julgam justos.
- Conversão não é só ter a Deus; "conversão é ser de Deus".

- Conversão é ser o servo criado por Jesus para realizar com Ele a obra que era só d'Ele, mas agora é também do convertido.

É isso mesmo, conversão é vida, reforma de vida: Deus refazendo os estragos que causamos naquele que Ele criou de si com toda a Sua perfeição, você, eu.

É a nossa vida em reforma para a colaboração com a "Vontade de Deus".

É ser como Maria: "Faça-se em mim conforme a Tua palavra", conforme a vontade d'Ele.

- Conversão é Deus se mostrando por você, com você e em você.
- Conversão é você sendo um referencial da pessoa que tem algo diferente para o mundo ver.
- Conversão é vida que começa a partir do "bom senso" e continua pela "sabedoria" a dar frutos para si e novas conquistas para Deus.
- Conversão é vida resultante da sua colaboração para com o Espírito Santo de Deus.
- Conversão é ter consciência de que já estou livre de cometer muitos dos pecados, graças a Deus.
- Conversão é quando Jesus Verdade me faz ver a terrível mentira que sou.
- Conversão é rejeitar o que sou, não aprovar o que faço e pedir a graça de não mais ser o que sou e de não mais fazer o que faço; é ir descobrindo em mim o que desagrada ao Senhor meu Deus.

Pagar o dízimo com alegria é próprio de quem está livre para uma grande e contínua conversão.

O Espírito Santo nos revela Jesus que anuncia a chegada do Reino (Seu reinado sobre nossas vidas), convidando-nos e garantindo-nos a nossa conversão.

Como dizer "SIM" a Jesus? Não se preocupe, apenas ocupe-se em querer ser "SIM".

O Espírito Santo, na sua caminhada com os irmãos, vai orientá-lo como orar e o que fazer.

Será a sua grande experiência concreta de Deus na sua vida.

Percebe-se em todo convertido uma capacidade e uma tranquilidade para superar suas dificuldades na vida. O convertido transmite-nos uma calma, como quem sabe o que está acontecendo, aliada a uma decisão de quem tem total convicção do que deve fazer e ser.

São os que se convertem que se tornam instrumentos de conversão para outros.

A Igreja vive, cresce e se enriquece pelos seus convertidos.

A Igreja de Cristo precisa de você convertido.

> *"Jesus anuncia a chegada do Reino e faz o 'Convite à conversão'."* (Lc 4,14-22; Mc 1,14-15).

A conversão de cada um de nós já está pronta, já é nossa, em Cristo Jesus. A conversão que Jesus quer realizar, para acontecer a salvação, é pela Evangelização.

A Evangelização é que faz do cativo, do escravo do mundo, um liberto, liberto para se juntar a Jesus e ir se libertando mais e mais. O liberto é aquele que se cura e se salva das armadilhas por estar com Jesus e em Jesus. A Evangelização gera um crente, para que crendo ele tenha sua vida pela fé.

Pela sua vida na fé o convertido se torna um instrumento de salvação, um evangelizador àqueles que com ele convive; uma pessoa respeitada no seu meio.

Vida na fé é vivência do Cristão pelo Espírito Santo, ou seja, Deus sendo por ele tornando-o, assim, um referencial cristão atuante na Igreja.

> Conversão é estar aberto ao Espírito Santo, é estar se preparando para uma entrega mais profunda; uma libertação mais plena para obras maiores. Evangelizar é ter a experiência de Jesus em sua vida.

Evangelização e conversão acontecem juntas. Uma é realmente complemento da outra, porque as duas têm sua base na Palavra.

Deus realizando em mim e por mim a outros escolhidos é a vida na graça (Deus se doa), vida dos convertidos.

Alguém foi instrumento de Deus para mim e foi assim que me tornei instrumento de Deus para outros irmãos. "Isto é resultado de uma conversão."

Portanto, só pode evangelizar quem é evangelizado. Só pode converter alguém, quem é convertido.

O "próximo" de que a *Bíblia* fala só existe para o convertido, para o evangelizado.

Só fala de Cristo quem está seduzido por Cristo.

São os "convertidos evangelizados e engajados" que propiciam à Igreja crescer em qualidade e em quantidade.

Se a evangelização inicia a conversão, a conversão sustenta a evangelização.

Se a conversão inicia a evangelização, a evangelização faz crescer a conversão.

"Convertido é aquele que está constantemente se evangelizando."

IGREJA

A Igreja construída na 'rocha'

A vida, paixão, morte e ressurreição de Jesus seria somente uma história do passado sem saber o para quê e o porquê, se não fosse para deixar entre nós a Sua Igreja.

- Sem a Igreja não haveria Jesus Senhor e nem Jesus Salvador.
- Sem a Igreja não seríamos filhos de Deus.
- Sem a Igreja não saberíamos quem é o Pai, o Filho e o Espírito Santo.
- Sem a Igreja tudo terminaria na morte de Jesus crucificado.
- Sem a Igreja quem e o que seríamos?

Você seria capaz de imaginar-se ainda esperando o Messias?

Você é capaz de imaginar quão importante é para todos nós a Igreja?

Assistindo filmes sobre a vida dos Apóstolos, tomamos conhecimento de como "a Palavra" foi proclamada e vivida por eles; com que convicção e coragem se dedicaram à missão deixada por Cristo a eles.

"Ide pelo mundo inteiro e pregai o evangelho a toda criatura." (Mt 28,18).

Se sabemos e cremos que Jesus ressuscitou e está no meio de nós, é na autoridade da Igreja que essa verdade se torna viva, vida nova, nossa alegria, nossa confiança, nossa esperança.

A Igreja é a única autoridade para afirmar que Jesus ressuscitou e está vivo no meio de nós.

A obra salvadora de Jesus chega até nós, em vida, pela Igreja. É pela Igreja que, arrependidos, recebemos de Deus Pai o perdão pelos nossos pecados. É pela Igreja que, perdoados, continuamos recebendo as graças para a nossa caminhada de conversão.

É pela Igreja que recebemos os Sacramentos do Batismo, da Eucaristia, da Crisma, do Matrimônio, da Ordem, da reconciliação ou penitência e da Unção dos Enfermos, para a consagração a Deus de tudo o que somos e temos que ser.

A Igreja, sob o comando do Espírito Santo, é a única que tem autoridade, para ministrar sacramentos.

Dizer: Jesus Cristo sim, Igreja não; isto se torna um absurdo, uma total ignorância, um querer desmoralizar Jesus e Sua palavra.

A Palavra foi entregue à Igreja, ela é para a Igreja, ela é a Igreja.

É a Igreja, pelo Espírito Santo, que definiu e sustenta quais os escritos inspirados, montando, assim, o "Novo Testamento". Igreja, porta-voz de Jesus.

"Ide e ensinai... Eis que estou convosco 'até o fim' do mundo." (*Mt* 28,20).

Confiar na Igreja é confiar em Jesus Cristo, não confiar é não crer nas palavras de Jesus. É dizer que Jesus não vai mais até o fim do mundo com a Sua Igreja.

"Quem vos ouve, a mim ouve, e quem vos rejeita, rejeita aquele que me enviou." (*Lc* 10,16).

Ouvir a Igreja é ouvir ao Senhor Jesus.

"Aquele que se recusa ouvir a Igreja, seja para a Igreja como um pagão um publicano." (*Mt* 18,17).

É a Igreja que tem a palavra final.

Tudo que podemos presenciar pela televisão, pelo rádio, ou movimentos que nos atrai para um encontro com Jesus; tudo isso é obra de Deus pela Igreja para Seus fiéis, membros da Sua Igreja.

Isto que escrevo e você lê são riquezas divinas que salvam e nos curam, enriquecendo-nos com o Espírito da verdade.

Fundamentos que devem nortear a fé de cada um de nós

A Igreja é um chamamento de Deus Pai a Seus filhos perdidos e pobres, pobres de tudo que se possa imaginar, por isso, infelizes e sem esperanças.

A Igreja é um lugar de trabalho de Jesus. Nela Jesus recebe Seus escolhidos para libertá-los do mundo, curando-os, convencendo-os, e introduzindo-os no Seu Reino de Glórias. É na Igreja que Jesus sustenta e realiza a Sua promessa: "O anúncio do Reino de Deus e o convite à conversão".

A Igreja se torna cada vez mais de Jesus se tomar para si mesma a prática de Jesus; ela será cada vez mais de Jesus se fizer d'Ele o seu Mestre e Senhor.

Libertar significa tirar da falta de conhecimento.

Jesus não quer você na Igreja d'Ele como um simples assistente, um passivo.

Ele quer você como um celebrante que foi escolhido por Deus que é Pai.

É Jesus, que pela Sua Igreja, faz de você um filho muito amado de Deus nosso Pai (Batismo).

É Jesus, que pela Sua Igreja, garante ser você um herdeiro do Reino, aqui e agora (Eucaristia).

"Quem come da Minha Carne e bebe do Meu Sangue terá a vida eterna."

É Jesus, que pela Sua Igreja, faz de você um servo d'Ele e com Ele na salvação de outros (Crisma). É Jesus, que pela Sua Igreja, une o homem e a mulher em matrimônio como parte do plano de Deus Pai para a vinda de outros filhos, filhos da promessa (Matrimônio).

Deus partilha conosco a felicidade de sermos pais, com Ele, de outros filhos Seu.

É Jesus, que pela Igreja, unge Seus escolhidos para serem Seus sacerdotes, continuação de Sua presença viva para ministrar Seus sacramentos (Ordem).

É Jesus que pela Sua Igreja, na pessoa do sacerdote, nos concede a graça da reconciliação com Deus, voltando, assim, ao estado de graça; nós em Deus (Reconciliação ou Penitência).

É Jesus, que pela Sua Igreja, por meio de seus sacerdotes nos dá a graça, Deus se doa para aquela necessidade, de encontrarmos forças e consolo nos momentos da doença (Unção dos Enfermos).

Igreja é o Corpo Místico de Jesus

Jesus é a cabeça e você e eu, todos nós, somos seus membros. Formamos Seu Corpo Místico, a Sua Igreja.

Jesus é o Santo e nós os pecadores a serem salvos pela vontade de Deus, nosso Pai.

A Igreja é local que se realiza a misericórdia de Deus – o perdão dos pecados e nossa salvação.

A missão da Igreja e do nosso "ser Igreja" é permitir e fazer crescer em nós o nosso amar a Deus sobre todas as coisas e com toda capacidade do nosso ser (com o corpo, com a alma e com o espírito).

Na medida em que esse amar a Deus vai se tornando realidade, podemos perceber estar acontecendo em nós uma nova vida de amor ao próximo junto com um novo amor a si próprio.

> Nada acontece de bom para o próximo que não seja Deus por nós e em nós.

Quando amo a Deus eu consigo amar o próximo e percebo em mim um grande amor pela minha vida.

Encontro, assim, o grande e verdadeiro sentido da minha vida.

> Lembre-se: "Amar é tudo que é meu é teu, inclusive eu e tudo que é teu é meu, inclusive você" (Só Deus é tudo).

É a Igreja que nos prepara, pelo Espírito Santo, a morrer amando a Deus, nosso Pai para que saibamos estar junto a Ele.

Deus criou a Igreja para a nossa eternidade junto com Ele.

Morrer sem conhecer, sem amar a Deus, é não saber para aonde ir após a morte é ficar a mercê daquele que não quer você junto a Deus.

Fundamentos da Fé

"'Senhor que devo fazer para ter a vida eterna?' Perguntou o jovem a Jesus. E Jesus respondeu perguntando ao jovem: que está escrito na lei? 'Amarás o Senhor teu Deus de todo o teu coração, de toda a tua alma, de todas as tuas forças e de todo o teu pensamento, e a teu próximo como a ti mesmo'." (Lc 10,27).

É essa a missão da Igreja: "Evangelizar", para que saibamos e possamos amar a Deus, pois para isso é que fomos criados: Criados para louvar e bem-dizer a Deus em todas as circunstâncias.

Lembre-se: só ama o próximo quem se deixar ser amado por Deus.

É a Igreja que cria em nós o hábito de procurar a Deus e conhecer Sua Palavra.

Todos os sinais: milagres, curas, libertações, ensinamentos, descritos nos Evangelhos, feitos por Jesus Cristo, foram feitos para formar a riqueza da Igreja de Cristo na Terra.

A riqueza da Igreja é a "Vida", "Paixão", "Morte" e "Ressurreição" de Jesus vivido aqui na Terra.

Com a "Ascensão" de Jesus ao céu e a vinda do Espírito Santo a nós, tornou-se possível viver em íntima comunhão com Deus, agora nosso Pai, aqui na Terra, através da Igreja de Cristo Jesus, a nossa Igreja.

A grandeza da Igreja é garantida por Jesus, o Filho de Deus que se fez nosso irmão; Jesus veio viver na terra como homem, sendo Deus.

A "Vida de Jesus entre os homens", a riqueza da Igreja, sobe ao Céu como oferecimento de Jesus ao Pai e volta aos homens, pela Igreja, em forma de graças de Deus aos homens de boa vontade.

Fica claro:
- Que a Igreja de Cristo é conduzida pelo Espírito Santo.
- O batizado recebe o Espírito Santo para poder ser Igreja com Cristo.
- O nosso ser Igreja é o nosso lutar contra nós mesmo, de "só pecadores" para "santos e pecadores".
- O ser Igreja é o nosso lutar permitindo que Jesus nos faça seus servos.
- A nossa vitória só será possível com a vitória de Jesus, Senhor e Salvador sobre nós.

- Sabendo da minha natureza pecadora, devo saber que sou de uma resistência tão forte, maior que o querer de Deus sobre mim, tenho eu que clamar, sem cessar, pela misericórdia de Deus sendo Igreja.
- Ser Igreja é pertencer a Cristo, portanto o meu entregar-se a Cristo é também o meu entregar-se à Igreja.
- É pela Igreja que tomo ciência da minha vocação.
- Vocação é faça-se em mim e por mim segundo o querer de Deus para o Seu povo, Sua Igreja.

Se não estivermos fundamentados naquilo que realmente deve orientar nossa caminhada para Cristo, estaremos, mesmo bem intencionados, comprometendo e atrapalhando a obra de Deus pela Sua Igreja que é também a nossa Igreja.

> Lembre-se: o seu grupo de oração, sua pastoral, seu movimento, sua associação, sua comunidade, pertencem à Igreja que pertence a Cristo.

É pelo nosso ser Igreja, com Jesus e em Jesus, que outros serão evangelizados para conhecerem sua própria fé, a fé que Deus tem por eles.

É na Igreja, pela Igreja e sendo Igreja que Jesus nos usa para a Sua e nossa Igreja.

"Sem mim nada podeis." (*Jo* 15, 5-8).

"Igreja. Esposa de Cristo."

Por que esposa?

O marido para ter filho ele necessita da esposa. A esposa para ser mãe precisa da colaboração do esposo. Assim os filhos de Deus são gerados pela Igreja que é a esposa de Cristo.

Cristo enriquece Sua Igreja com toda riqueza requerida para pecadores buscarem sua santidade.

Cristo dá a Sua Igreja sabedoria e poder de ensinar, "sem erro".

Cristo dá a Sua Igreja "autoridade" para definir o que é sagrado e como participar do sagrado.

Jesus Cristo instituiu a Igreja para santificar os homens e as mulheres.

Somente na Igreja de Cristo há a "plenitude" dos meios da salvação.

Quanto aos homens e mulheres que encerraram suas vidas na mais reconhecida conversão de santidades (a perfeição cristã) são candidatos a serem proclamados santos, se forem cristãos católicos.

A Igreja só canoniza, isto é, só declara santo, cristãos católicos.

Por quê? Não é preconceito com as pessoas boas que não são católicas.

Homens e mulheres bons realmente existem e a Igreja reconhece.

Porém a perfeição cristã só poderá ser encontrada nos que vivem na "Verdadeira" Igreja de Cristo.

O Concílio Vaticano II deixa claro que somente nela há a "plenitude dos meios da salvação". Se isto não for verdade absoluta para nós católicos, então nossa fé é uma fé racional, não é do Espírito.

Quando nossa fé "não é" do Espírito, então, ela pode ser mudada a qualquer situação difícil que depararmos.

Estaremos próximos em afirmar o absurdo: "Cristo sim, Igreja não".

Alimentos para uma fé fundamentada

Onde encontrar? Na Igreja.

É a Igreja que tem o Espírito Santo para os que dela participam como membros atuantes. Vejamos nos capítulos seguintes.

ORAÇÃO

Orar é relacionar-se com Deus

Se tiver que relacionar-me com alguém, procuro-o e inicio o diálogo.

Se me relaciono com alguém, esse alguém também tem que se relacionar comigo.

Relacionar é tratar de assuntos, coisas em comum, coisas que dizem respeito um ao outro.

- Orar é relacionar-se com Deus que é Pai, com Deus que é Filho e com Deus que é o Espírito Santo.
- Orar é tratar do que existe em comum entre você e Deus, Seu Pai, e entre Deus e você, Seu filho.
- Orar é tratar do que você sabe e pode esperar de Deus e o que Deus pode esperar de você.
- Orar, portanto, é revelar-se "sabendo" quem é Deus e o que Deus quer de mim e por mim.
- Orar é revelar-se, é ter consciência de que não sou o que Deus me convenceu querer que eu seja.
- Orar é estar sempre atento em mim, reconhecendo sempre minhas fraquezas.
- Orar é agradecer pela história que Deus faz em mim e por mim.
- Orar será sempre um reconhecimento: "Não sou o que Deus espera que eu seja e não existe em mim nenhuma condição humana para tal".
- Orar é saber que eu posso permitir Deus ser por mim o que Ele precisa e quer realizar através de mim. *"Eu vivo, mas não sou eu, é Cristo que vive em mim (e por mim)."* (Gal 2,20).
- Orar é a sua colaboração, o seu sim, aos propósitos de Deus.

- Orar é o seu querer, "sem poder", àquilo que Deus lhe oferece: outra e nova vida.
- Deus quer ser Deus comigo e está me libertando, curando, para que eu possa realizar também o meu querer: ser eu com Ele e n'Ele.
- Orar é a convicção do saber que nada posso, mas a Deus tudo é possível. Sou pequeno, mas é assim mesmo que Deus me ama e quer ser amado por este pecador. Então eu posso ser de Deus sendo o que eu sou. Enquanto não sou, pela oração, caminho no "sendo melhor cada dia que passa".

Orar, portanto, é deixar Deus ir acontecendo em nós e por nós. Orar é também perceber que já estou livre de cometer muito dos pecados, felizmente; não consigo mais cometê-los, graças a Deus. Orar é dar início a outra ação vitoriosa da presença de Cristo na minha vida.

- Orar é sempre uma experiência nova que me faz vitorioso na vitória de Cristo.
- Orar não é pedir, mas entregar-se. Entregar-se com todos os bens e males que fazem parte da minha vida: a saúde e as doenças, do corpo e da alma; situações financeiras, boas ou más; estado da alma, euforia ou decepção, esperança ou depressão, contente ou triste, satisfeito ou insatisfeito, animado ou desanimado, tudo é Seu, meu Deus, inclusive eu.
- Orar nunca será um sinônimo de alguém que sofre, mas de quem espera confiante a tal ponto que já é suficientemente forte para sentir a paz e a alegria daquele que, estando vencendo, enche-se mais de ânimo. Há maior alegria e disposição na batalha quando certos estamos da vitória. Louvamos em luta.

Jesus disse: "Tudo que pedirdes com fé, ser-lhe-á concedido".

Se pedires saúde, cura, libertação, e Deus vir que isto será causa de condenação, Ele não dará, certamente.

Por quê? Porque quem pede pelo dom da fé pede para a sua salvação inspirado pelo Espírito Santo. Reconhece ser Deus o querendo para Ele.

Certamente providenciará a evangelização desse Seu filho doente para que, evangelizado, a cura dos males seja para honrá-l'O, glorificá-l'O, tornando-o um feliz servo d'Ele.

Fundamentos da Fé

Lembre-se: Deus não tem nada, coisa alguma para dar a não ser Ele, com tudo o que Ele é com tudo o que Ele tem e com tudo o que Ele pode. Lembre-se, também, que Deus vê o amanhã como agora.

Na passagem bíblica do endemoninhado que ficou livre do demônio que o torturava, depois de limpo ele não se cuidou (não se evangelizou); e o que aconteceu? Vieram tantos outros demônios que vendo a casa limpa, entraram e tomaram posse, e a situação do rapaz ficou muito pior do que antes.

Numa outra passagem bíblica, Jesus curou dez leprosos e só um voltou para agradecer (evangelizado). Jesus pergunta-lhes: e os outros nove? É isto que Jesus nos ensina como fundamento de uma verdadeira fé: Jesus tudo realiza não só para que eu me cure, me liberte, mas, para que eu sustente em mim essa vida de graça recebida d'Ele.

Fomos chamados a nos libertarmos da ignorância.

Temos que deixar de querer manipular Deus com o nosso querer, com o nosso necessitar: Jesus faça isso, Jesus faça aquilo, vem aqui, vai lá, arranje um emprego, um marido, uma mulher.

Assim éramos, agora que sabemos que Jesus jamais será nosso servo, pela graça (Deus se doa) tornou-se insignificante eu querer que Jesus seja meu servo.

Eu é que necessito ser servo de Jesus.

Alguém me liga desesperado pelo tempo que está desempregado e não conseguia nada. Disse-me que oraram por ele e que Jesus tinha dito para se acalmar que o emprego estava próximo.

Pedia-me conselho, pois já se passavam quatro meses e o emprego prometido por Jesus não acontecera. Tive que convencê-lo de que Jesus não é uma agência de emprego, mas alguém que sabe como dar coragem e forças para que ele, com paz e sabedoria, se deixasse ser conduzido por Ele, Jesus.

Pouco tempo depois me ligou, agradecendo, e dando as boas-novas: o emprego aconteceu. Aproveitamos para louvar e agradecer, juntos, a Deus pelo emprego e pela lição aprendida.

Os bem intencionados devem tomar cuidado para não decepcionar os não evangelizados.

Não podemos, na oração por alguém, dizer que Jesus vai resolver a situação, que Ele vai curar, muito menos que Jesus está curando.

A nossa fé não pode ser no Jesus "que vai" acontecer, mas sim no Jesus "que está" acontecendo. Talvez não do jeito que queremos, mas confiantes, pela graça, saberemos como colaborar com Jesus, sentindo Sua presença orientando nossas vidas. Precisamos tomar cuidado quando, em oração por alguém, falamos em nome de Jesus. Muito cuidado para não corrermos o risco de sermos geradores de decepcionados com Jesus.

Costumamos nos sentir amados quando ganhamos as coisas. Achamos que "gostar" manifesta-se pelo dar e receber e não no estar junto, no partilhar, no poder contar com a pessoa.

- Orar será sempre uma ação de entregar-se a Deus. Sem nada pedir, sem nada esperar.
- Orar, por intercessão, será sempre uma ação de entregar o outro a Deus.
- Orar é o nosso tocar Jesus, acontecendo, assim, o Seu toque em nós e Sua vontade se realizando.

> "Quem foi que me tocou? Alguém me tocou, porque percebi sair de mim uma força." (Lc 8,45-46).

Só existe "toque" numa total proximidade. Orar é tocar, estar junto.

Quem nos ensina a orar é Deus, é através d'Ele, com Ele e como parte de Sua família, "a Igreja".

Oração é coisa de Deus para nós que somos Igreja.

Oração é vida. Promessa de Deus se realizando em forma de vida.

Oração é vida. A vida de Deus para a vida dos homens.

Oração é vida. A vida dos homens vivida na vida de Deus.

> Nossa única necessidade é Deus. Deus é tudo.

Se quisermos ter tudo temos que querer estar em Deus. Ser em Deus.

Oração só pode ser de entrega, não existe oração de "só venha a mim e ao vosso reino nada". Devemos orar não na necessidade que temos, mas na necessidade de sermos.

Sermos de Deus para que Ele vá nos orientando e conduzindo conforme Seu querer e Seu poder.

Lembre-se que Deus, mesmo sendo Deus, também tem necessidade. A necessidade de Deus é que você sinta necessidade d'Ele. A necessidade de Deus, por você, pode ser compreendida pela vida, paixão, morte e ressurreição de Jesus Cristo.

"Tudo o que Deus realiza é por nós e para nós."

Orar é dialogar com Deus. Eu falo, Ele escuta e responde. Ele fala, eu escuto e respondo.

Orar é a celebração da amizade com Deus.

Jesus Cristo nos ensina que "devemos orar". O Espírito Santo nos ensina "como orar".

Entendamos: Deus tem um propósito a realizar na vida de cada um de Seus filhos, mas Ele precisa que o homem esteja disposto a orar (relacionar-se com Ele) para que se estabeleça Sua vontade em cada vida aqui na Terra.

Esta é a função da oração, preparar um caminho para que Deus realize a Sua vontade.

Deus necessita da oração do homem para levar adiante Sua vontade. *"A confiança que depositamos em Deus é esta: em tudo quanto lhe pedimos, se for conforme à sua vontade, ele nos atenderá. E se sabemos que ele nos atende em tudo quanto lhe pedirmos, sabemos daí que já recebemos o que pedimos."* (1Jo 5,14-15).

A oração é o termômetro espiritual. Quando não conseguimos orar, indica que não estamos bem espiritualmente, ou seja, não conseguimos permitir Deus comunicar-se conosco.

A oração é, segundo a *Bíblia*, uma via de mão dupla pela qual o homem chega à presença de Deus e Deus vem ao encontro do homem. *"Invoca-me e te responderei, revelando-te grandes coisas misteriosas que ignoras."* (Jer 33,3).

Podemos ver o poder da oração, observando o viver dos homens de fé, tanto bíblicos como contemporâneos.

O melhor exemplo de vida de oração foi de Jesus Cristo.

Sendo Ele, Filho de Deus, usava da oração como prática regular na Sua vida de Senhor e Salvador.

Em tudo Ele consultava ao Pai. Sendo Deus, humanizado, encarnado, tornou-se totalmente dependente da orientação de Deus, O Pai.

Deixou-nos, assim, o ensinamento fundamental para a vida dos que querem ser cristãos, seguidores de Cristo.

"Não pode existir cristãos que não sejam homens de oração."

A vida, gestos, ações, tudo isso é realizado pelo corpo. O corpo recebe comandos da mente e realiza-os.

A "mente que ora" entrega-se ao Espírito Santo; os gestos, as ações, tudo o que corresponde ao corpo realizar será, então, de forma a agradar a Deus, pois está a serviço de Deus para o próximo.

Os homens e as mulheres que oram é que são capazes de amar a Deus, pois só pela oração é que eles tomam conhecimento do quão grandes e importantes são para Deus e para si próprios.

Estão, assim, aptos a amarem o seu próximo com o amor que Deus tem por eles e eles por Deus.

Nesse estado de "alma e de espírito", "o corpo" terá condições de superar as contaminações externas, sustentando, assim, a saúde que tanto Deus quer para o seu filho a seu serviço.

(Ler e meditar: *Rm* 7,18-20.26; 8,5-6.14-16.26-28)
"Espírito Santo dá testemunho ao 'nosso espírito' de que somos filhos de Deus. E se filhos, também herdeiros: herdeiros de Deus e co-herdeiros de Cristo."

Portanto: O nosso espírito sendo capaz de comunicar-se com Deus, e vice-versa, ele se torna em condições plenas de submeter nossa carne, nossa alma, nossos sentimentos, desejos e tudo mais que é o viver pelo corpo, em conformidade com a Palavra – o querer de Deus sendo por mim.

Quando ouço falar das coisas de Deus, estou ouvindo-O falar a mim através do meu irmão e o Deus que está em mim me faz entender e acolher, ou seja, meu espírito se torna perfeitamente capaz de convencer minha alma, meu jeito humano de ser, de também permitir que Deus seja por mim.

Tudo isto, toda esta nova vida é fruto de uma vida em oração, em perfeita intimidade com a Palavra de Deus e com a Igreja.

> Lembre-se: A verdadeira oração brota da humildade como nos indica o próprio Jesus quando conta a Parábola do fariseu e do publicano, no templo.

PAI NOSSO

A oração ensinada por Jesus

A fé sem obras é morta. A fé sem oração, também.

Deus nos manda orar: "*Sejam, portanto, moderados e sóbrios, para se dedicarem à oração*" (1Pd 4,7).

É só mediante a oração que cresceremos na vida espiritual, na intimidade com Deus, desenvolvendo nossa vida na fé, fé religiosa e fé em santidade

Orar é dialogar com Deus. Eu falo, Ele escuta e responde. Ele fala, eu escuto e respondo. Orar é a celebração da amizade com Deus.

Jesus Cristo nos ensinou a orar e o Espírito Santo continua nos ensinando.

Toda oração deve estar de acordo com a *Bíblia*, Palavra de Deus voltada a nós.

A *Bíblia* relata o jeito como Deus é e vive, e o modo com que nós somos e vivemos.

A *Bíblia* é uma proposta de mudança de vida, a vida de Deus para nós: Ele coloca em nós a vida d'Ele na medida em que vamos entregando a Ele nossa vida.

Orar é, portanto: conhecendo a Palavra de Deus na *Bíblia* faço minha entrega a Deus, para que minha vida seja conforme a Palavra conhecida.

"Faça-se em mim segundo a Vossa Palavra." Assim a vida na graça começou para todos nós.

Oração do "Pai nosso"

PAI

Deus que é seu Pai tem o direito de ser chamado de "Pai". Ele quis você como Seu filho e foi por isso que o criou; para você poder chamá-l'O de "Pai" e Ele de "Meu filho".

Ao chamá-l'O de "Pai" você manifesta-lhe o seu amor e sua gratidão por sentir-se amado por Ele, Deus Pai.

Ao chamá-l'O de "Pai" você se coloca receptivo ao Seu olhar amoroso e misericordioso.

Ao chamá-l'O de "Pai" você permite ser banhado por Seu amor e por Seu bem-querer por você.

Ao chamá-l'O de "Pai" você quebra o tempo e a distância que existiu para uma proximidade e intimidade real.

Ao chamá-l'O de "Pai", "Meu Pai", você atrai a benevolência de Deus, para aquilo que vai pedir, sabendo exatamente que também é do querer d'Ele dar o que se está pedindo.

NOSSO

Se a palavra "Pai" nos fala do amor a Deus, a palavra "Nosso" nos fala do amor ao próximo.

Não podemos chamar Deus de Pai, se não chamarmos "de irmãos" todos os homens e mulheres do mundo, cristão e não cristão, crentes ou ateus.

Se desconhecermos esta verdade em nós, não temos o direito de orar o Pai-nosso.

Na parábola do "Filho Pródigo", quando o irmão mais velho diz ao Pai: "Esse seu filho", de imediato o pai responde: "Esse seu irmão" porque se esse não é seu irmão, eu não sou seu Pai.

O que Deus quer de nós é que nos relacionemos como verdadeiros irmãos que somos, a fim de que possamos ter plena e total intimidade e proximidade com Ele.

Deus é meu Pai e seu Pai. Ele nos gerou, quer e reclama para si o ser chamado de "Pai nosso".

"A ninguém chamem de pai."

Ao chamar Deus de "Meu Pai", estou reconhecendo que Ele é a fonte da minha vida, que eu existo d'Ele. Ao chamar Deus de "Nosso Pai" estou reconhecendo que Ele é a fonte de nossas vidas e que somos irmãos.

O "Pai nosso" é a oração dos filhos e dos irmãos.

Recita-se o "Pai nosso" no plural; ela é a oração da comunidade para a comunidade.

No plural para que eu receba de Deus e tenha o que partilhar com meu próximo e ele também receba de Deus para ter o que partilhar comigo.

QUE ESTAIS NO CÉU

"A *Bíblia* não diz como é o Céu, porém nos diz como se vai ao Céu." (Santo Agostinho).

Na *Bíblia* tudo é verdade quando se refere a nossa salvação. A história bíblica é a história da salvação do homem.

Deus habita no céu *"no mais alto do céu."* (*Ef* 1,2).

Acima de tudo e de onde transcende e o governa por inteiro com Seu poder (*Is* 55,9). Deus está no Céu e nós na Terra (*Ecle* 5,1). O Céu lhe pertence, mas a Terra, Ele deu-a aos homens (*Dt* 10,4).

"O que você ligar na Terra será ligado no Céu." (*Mt* 16,19; 18,18).

A expressão "que estais no Céu" diz respeito a grandeza infinita de Deus, Sua qualidade de ser "Celeste".

Deus é nosso Pai Celeste, distinto do terrestre como também de Abraão, a quem os judeus chamam "nosso Pai" (*Mt* 3,9; *Lc* 3,8). Deus é, a um só tempo, o próximo e o distante porque é "Pai", Pai Celestial, e nosso Pai e porque está em nós, "pois n'Ele vivemos, nos movemos e existimos" (*At* 17,27-28).

"Pai que estais no Céu" une duas verdades: o infinitamente distante de nós por sua condição divina, e o mais íntimo, o mais próximo, pois veio a ser nosso "Pai".

O ser mais distante tornou-se o mais íntimo e o mais próximo de nós.

"Eu que O procurava em muitos lugares, vim a encontrá-l'O dentro de mim mesmo." (Santo Agostinho).

E continua: "Não há necessidade de ir ao Céu para falar com o Pai Eterno, podemos contemplá-l'O dentro de nós mesmos e não nos sentir acanhados diante de tão Bom Hóspede".

Deus está em nós e nem sequer O vemos, porque é o "Deus desconhecido" (*Is* 45,15), que há de ser procurado e descoberto, por nós, dentro de nós.

Quando falamos do Céu olhamos para cima, mas ao falar de Deus, ao invés de olharmos para o Céu, olhemos ao redor de nós, e com o direito de reconhecê-l'O dentro de nós.

Primeira petição: SANTIFICADO SEJA O VOSSO NOME.

Deus que é Pai tem direito a que Seu santo nome seja santificado e glorificado por Seus filhos. A santificação do "Nome de Deus", através da Sua vida, vai depender de ambos, de Deus e de você.

Esse é o grande querer de Deus, que deve ser uma grande necessidade nossa em atender.

Qual o nome de Deus? Sem nome não há existência. Conhecer o nome é conhecer a pessoa.

Saber o "nome de Deus" é conhecer a Deus.

Moisés pergunta-lhe por Seu nome. E Deus disse a Moisés: *"Eu sou aquele que sou"* (*Ex* 3,14).

"Santificar o nome é glorificar o nome". Ao pedir que Deus santifique o Seu nome, pedimos que se manifeste ao mundo tal como Ele é: "Pai Santo".

"Glorificado seja o Seu Nome" é pedir a Deus que se mostre em cada coração no que é Santo e Divino.

E que todos os homens e mulheres do mundo aceitem-n'O como o Deus, nosso Pai Santo.

Pedimos que interviesse na história humana, fazendo com que toda humanidade conheça Seu poder de Pai desejoso de que todos sejamos irmãos.

> *"Colocarei dentro de vocês o meu espírito, para fazer com que vivam de acordo com os meus estatutos e observem e pratiquem as minhas normas... Vocês serão o meu povo e Eu serei o Deus de vocês."* (Ler *Ez* 36,26-28; 39,7).

Jesus Cristo é o nome do Pai manifestado aos homens (*Jo* 12,28a; 17,1b).

Cristo também se identifica com o nome: *"Eu Sou"* (*Jo* 8,24.28.58).

Com a expressão "Eu Sou", Jesus Cristo apropria-se do nome de Deus.

"O primeiro de todos os bens consiste em que o nome de Deus seja glorificado através da minha vida." (São Gregório de Nissa).

Segunda petição: VENHA A NÓS O VOSSO REINO.

"Deus que é Pai tem o direito de que Seus filhos desejem o Seu Reino, pois Ele nos quer lá junto d'Ele."

Reinado é mais apropriado que Reino. Mais do que Reino, tem que se falar do "Reinado de Deus", do poder divino sobre todas as coisas, de tal modo que Deus seja tudo em todos (*1Cor* 15,28).

Cristo não só anunciou o Reino, como também se fez presente, parte do Reino. O Reino de Deus se manifesta, principalmente, na Pessoa de Jesus Cristo, Filho de Deus e Filho do homem que veio para servir e dar a Sua vida pela redenção de muitos.

"Cristo é o Rei e o Reino, ambos juntos."

"*Bendito aquele que vem em nome do Senhor.*" (Mt 21,9-10).

Quando Jesus chegou, chegou o Reino, porque Jesus Cristo é o Reino.

O Reino dos Céus não significa um "Reino no Céu", mas um Reino de Deus que vem do Céu, porém para realizar-se na Terra, dentro do tempo. Jesus Cristo nos manda pedir a Sua vinda, porque se trata de um Reino terreno.

Jesus inaugura o Reino na Terra, com Sua Palavra, com Sua morte e com Sua Ressurreição.

O desenvolvimento, a realidade do Reino dever-se-á à atuação de Deus e a colaboração do homem. O Reino que pedimos, embora sendo para nós, Ele também é pessoal. O Reino vai se realizando em cada um para atingir o "nós". O convite é pessoal, em primeiro lugar, para que aceito vá se formando o "nós".

O "Sim" é de responsabilidade de cada um, o nós pode me ajudar, mas o sim é meu, é seu.

Jesus Cristo se deixa, Ele próprio, com o Seu poder junto com Espírito Santo, prometido por Ele, para que esse Reino iniciado em Pentecostes atinja sua plenitude passando por cada um de nós.

> "A Igreja é para a Terra o princípio do Reino."

A Igreja não é o Reino. O Reino é mais que a Igreja. A Igreja é parte muito importante do Reino. Foi criada com essa finalidade: propagar o Reino de Jesus Cristo em toda a Terra para a glória de Deus Pai. A única razão de ser Igreja é o Reino.

Terceira petição: SEJA FEITA A VOSSA VONTADE, ASSIM NA TERRA COMO NO CÉU.

O que salva o homem e o mundo é a vontade de Deus se realizando.

> "Deus que é Pai tem o direito de fazer Sua própria vontade aqui na terra como ela é feita no Céu."

Deus, nosso Pai, por um ato de Sua vontade, decide o projeto de salvação do mundo (*Ef* 1,3-6).

Faz parte do plano eterno de Deus, já na nossa criação por Ele, conceder-nos todos os dons espirituais, porque serão conferidos pelo Espírito Santo; e os dons celestiais porque procedem do Céu e porque estamos unidos a Cristo desde toda eternidade.

O plano de Deus, Sua vontade aqui na Terra, é que sejamos santos aos Seus olhos, em Sua presença, unidos a Ele com Cristo (*1Pd* 1,4).

> A vontade de Deus é sua Sabedoria [Deus se doa aos homens] para levar os homens à sua glória. (*1Cor* 2,7).

Fica evidente que o homem não pode salvar a si mesmo.

Consciente disso é que podemos querer a salvação, pedimo-lhe, então, felizmente, que execute o Seu projeto, que faça "Sua vontade", que me salve e que nos salve.

"Se Deus quer a salvação de todos os homens, tu também deves querê-la." (São João Crisóstomo).

É Jesus Cristo quem faz a vontade do Pai. Ele foi enviado para realizar a vontade do Pai. O homem deve fazer a vontade de Deus, condição indispensável para entrar no Reino.

"Nem todo aquele que diz Senhor, Senhor entrará no Reino do Céu."
"Só aquele que põe em prática a vontade do meu Pai, que está no Céu." (Mt 7,21).

Qual é a vontade de Deus? *"É a santificação de vocês."* (Ts 4,3).

"Sejam perfeitos, como é perfeito o Pai de vocês que está no Céu." (Mt 5,48).

"O homem tem obrigação de 'cumprir a vontade de Deus'." (1Pd 2,19).

"De submeter-se a ela plenamente." (Cl 4,12). E estar sempre a seu *"serviço."* (1Pd 4,2).

Esta primeira parte da Oração do "Pai nosso" contém os direitos de Deus, direitos divinos.

Como os direitos divinos são os bens maiores que os homens necessitam, Deus transforma-os em riqueza da Igreja a fim de que os cristãos possam suplicá-los e tê-los como meios de salvação para si e para o mundo.

- Que o nome de Deus seja santificado no coração de toda humanidade. (Que Seu modo de ser seja conhecido e experimentado).
- Que venha a nós o Seu Reino, o Seu reinar sobre toda humanidade. (Que sejamos todos servos obedientes do Deus que é Pai e Rei).
- Que seja feita a santa vontade de Deus, que é Pai amoroso, como ela acontece no Céu. (Que experimentemos já aqui nesta vida na Terra a grandeza do que será no Céu).

Na segunda parte da oração do "Pai nosso" vamos ver que o homem se dirige a Deus como Seu filho, declarando sua dependência dada a sua fragilidade, como uma criança pequenina.

Tanto na primeira parte como na segunda parte, são considerados somente os interesses do homem.

As petições estão no plano humano, por isso referem-se às necessidades dos homens.

Diante de Deus o homem não pode falar de seus direitos. Tudo quanto podemos pedir a Deus, já está a nossa disposição em Deus para nós.

Primeira petição (segunda-parte): O PÃO NOSSO DE CADA DIA NOS DAI HOJE.

O homem tem o direito de receber de Deus, Seu Pai, tudo que é necessário para a sua sobrevivência.

Esta petição é como um grito de socorro, um pedido de ajuda, pois somos pobres e pedimos pão, pecadores, imploramos perdão, fracos, suplicamos auxílio para não sucumbir no perigo.

Cinco palavras-chaves: o "pão", "nosso", de "cada dia", "hoje", "dá-nos".

— *O pão.*
A palavra "pão" tem significados diversos:

O primeiro é o pão comum, alimento para o sustento do corpo, nossa vida física.

A primeira coisa que o homem necessita é comer, daí a primeira coisa que pedimos a Deus é o pão.

Coisas indispensáveis para a vida: "água, pão, roupa e casa."

A primeira coisa que Jesus quer para nós é o alimento do corpo (o pão) e a seguir o da alma (o perdão).

"A primeira coisa é viver, e em seguida, viver santamente."

• *O pão da palavra e da sabedoria: alimento espiritual.*
Jesus é tentado a transformar a pedra em pão, é tentado para cair na pregação de um "Evangelho social", puramente social.

Jesus diz: "*Não só de pão vive o homem, mas de toda palavra que sai da boca de Deus.*" (Mt 4,4; Dt 8,3).

Fundamentos da Fé

O Evangelho de Cristo é um evangelho social, todavia, não somente de pão, mas da Palavra de Deus; logo, é um evangelho espiritual.

Tanto é enganoso reduzi-lo só no social, como reduzi-lo só no espiritual.

Viver da Palavra é viver da *Bíblia*, alimentar a vida espiritual com a leitura e a meditação das Escrituras Sagradas, ter uma espiritualidade bíblica.

• *O pão da vida: a Eucaristia.*

Simbolizado no maná, "o pão do céu", "o pão dos fortes", "o alimento dos anjos", um pão que se adquire sem esforço (cf. *Sl* 78; 105), em contradição com o pão do Pai-nosso que é preciso ganhar por meio do trabalho.

A réplica do maná é a Eucaristia, o pão da vida (*Jo* 6,35.51.54 58).

Os primeiros cristãos eram perseverantes em se reunir no primeiro dia da semana para partir esse pão (*At* 2,42; 20,7), e entrar, assim, em comunhão com Cristo e com os irmãos (*1Cor* 10,16-17; 11,23.27-28).

O pão é Cristo: "Cristo é nosso pão, porque Cristo é a vida e o pão é a vida". Por essa razão chama-se "substancial", porque somente Jesus Cristo é capaz de alimentar nosso corpo e nossa alma.

Ele está acima do pão comum, que alimenta o corpo, o Pão Eucarístico alimenta a alma, porque é a própria substância de Deus e porque é capaz de mudar nossa substância na d'Ele.

• *O pão, o Espírito Santo.*

No *Evangelho de São Lucas*, ele se refere em primeiro lugar ao pão comum, várias passagens.

Refere-se, também, ao Espírito Santo, pois conclui assim: "*Quanto mais o Pai do céu dará o Espírito Santo àqueles que o pedirem.*" (*Lc* 11,13).

Mediante o Pão da Palavra, nos é comunicado o Espírito Santo, força poderosa do Amor de que o cristão necessita para viver cristamente, no amor.

• *O pão, banquete escatológico.*

Isaías fala do pão escatológico (*Is* 25,6-10).

Jesus Cristo apresenta o Reino de Deus como um banquete: "*A mesa do Reino de Deus.*" (*Lc* 13,29).

Na Última Ceia, era a esse pão escatológico que Ele se referia: "*Desejei muito comer com vocês esta ceia Pascal, antes de sofrer. Pois eu lhes digo: nunca mais a comerei, até que ela se realize no Reino de Deus.*" (*Lc* 22,15-16). É o mesmo banquete do *Apocalipse* (*Ap* 19,9.17).

— 'Nosso'.
Refere-se exclusivamente aos cristãos.

O pão é dos cristãos praticantes, fiéis à Santa Mãe Igreja, que creem e são cumpridores dos mandamentos de Deus (*1Jo* 3,23).

O Pão Eucarístico é um dom merecido somente pelos cristãos que vivem da fé: discurso do "*Pão da Vida*" (*Jo* 6,27-71). No Pão Eucarístico acontece uma dupla comunhão com Cristo: uma com Cristo e uma com o corpo de Cristo, a Igreja.

— *De cada dia nos dai hoje.*
Indica a ação permanente, o dom contínuo do pão: dá-nos o pão de cada dia.

"O pão que necessitamos, dá-nos hoje". Pedimos pão, somente o de hoje, pois só o "hoje" nos pertence. O futuro a Deus pertence, não está em nossas mãos.

Este "hoje" significa o "agora", pois existimos "hoje", "agora" e não no amanhã.

O dia seguinte só existirá quando for hoje para nós. Amanhã pediremos o pão para amanhã.

Segunda petição: PERDOAI AS NOSSAS OFENSAS, ASSIM COMO NÓS PERDOAMOS AOS QUE NOS OFENDERAM.

> Também pode-se dizer: Perdoai as nossas dívidas, assim como nós perdoamos aos nossos devedores.

O homem, como filho, tem o direito de pedir perdão e de ser perdoado pelo Pai.

É sabido que o homem possui uma natureza pecadora.

> "Eis que eu nasci na culpa, e minha mãe já me concebeu pecador." (*Sl* 50,7).

O homem afastado de Deus, "sem ser ajudado por Deus", jamais conseguirá não pecar. Todos nós estamos sujeitos a errar, a pecar muito.

A grande graça é quando o pecador se reconhece em pecado. Esta é a graça de Deus para o pecador; "Deus se doa". Feliz, felicíssimo do homem que se reconhece ser um pecador.

Só ao pecador arrependido é dada a graça de ser perdoado. Aquele que não se sente pecador não é capaz nem de pedir perdão. Não pode ser perdoado (*Lc* 18,11).

Somos de uma raça de pecadores, por isso pedimos perdão no plural: "Perdoa as nossas...".

> A comunidade cristã é uma comunidade de pecadores, que estão constantemente pedindo perdão e perdoando-se uns aos outros.

A Igreja é santa porque seu fundador é santo e porque é capaz de santificar-nos sendo nós Igreja.

Que é o pecado? O pecado é esquecer-se de Deus e fazer outros deuses para si próprios. (O fanatismo, a ganância, a mesquinhez, tal pessoa, assim, não é capaz de fazer caridade).

A incredulidade é um pecado de autossuficiência. O incrédulo apoia-se em seus próprios valores, ao invés de apoiar-se em Deus; não crê que Deus seja capaz de orientar sua vida.

"Não sabendo" o que é condenação não sabemos nem imaginar para que existe a salvação.

O pecador que não sabe arrepender-se, se rompe consigo mesmo, tornando-se uma pessoa desordenada, desorientada. O pecado desfaz o equilíbrio que deve coordenar uma pessoa: a harmonia do corpo, da alma e do espírito.

Deus é um Deus que perdoa sempre.

> *"Deus não se compraz com a morte do pecador, mas com que ele mude de comportamento e viva."* (*Ez* 33,11.14-16).

Deus jamais limita Seu perdão. Fomos salvos e isso não é obra nossa, mas um dom de Deus (*Ef* 2,8).

Perdoamos porque fomos perdoados. Quando pedimos perdão a Deus, pela graça do arrependimento ao perdoar-nos, como sequência da graça, Deus faz com que nós também sejamos capazes de perdoar.

Somente Deus perdoa. O perdão é o ponto máximo do amor, e o amor vem de Deus, o amor é o próprio Deus.

O perdão de Deus é uma recriação. Deus recria aquilo que o ser humano "*descriou*".

O perdão é um retorno à vida.

"*Meu filho estava morto e voltou à vida.*" (*Lc* 15,24).

Toda energia em nós destinada a nos fazer detestar, em odiar, vingar, enciumar vai se tornar construtiva e fecunda ao percebermos que, de repente, não sentimos mais tais males.

Cada perdão dado ou recebido é uma Páscoa, uma passagem da morte para a vida.

Quando voltamos para Deus, já vamos sentindo, em forma de nova vida, o perdoar de Deus. Isto é um fato. O perdão é a resposta de Deus ao mal do mundo.

Sendo Deus a fonte do perdão, é somente em Sua graça que podemos perdoar.

Impossível a nós perdoar com nossas próprias forças, mas será pelo nosso querer perdoar que nos abrimos para receber as graças necessárias para tal.

"*Cada um perdoe o outro, do mesmo modo que o Senhor perdoou vocês.*" (*Cl* 3,13).

Pela graça (Deus se doa), tornamo-nos imitadores de Cristo. (*Mt* 18,23-35).

No perdão absoluto está o amor perfeito, nossa maior semelhança com Cristo.

Na medida em que nosso conhecer e amar a Deus cresce, aumenta também em nós a capacidade de perdoar.

Aquele que perdoa é quem nem sequer se ofende.

"Pai, perdoai-os, pois eles não sabem o que fazem."

Pedimos perdão aos homens pelos pecados que cometemos contra eles, porque eles têm o poder de perdoá-los (*Jo* 20,23).

Ser perdoado por aquele que ofendemos deve tornar-se nossa oração por ele. Se a pessoa não tiver condições de perdoar, ela ficará afastado da vida da graça.

A reconciliação do homem com Deus só se dá porque é Ele que se reconcilia com os homens. É Deus que se revela ao homem e o capacita a reconhecê-l'O.

Ao reconhecer Deus como Deus amor e seu Pai, o homem torna-se capaz de reconhecer a sua necessidade de entregar-se a Ele, aceitando, assim, a reconciliação oferecida pelo Pai.

Uma vez reconciliado com Deus por Jesus Cristo, torna-se muito importante manter uma reconciliação contínua com Ele. Tal continuidade será possível através da participação ativa dos sacramentos e da Igreja (*2Cor* 5,18-20).

> O cristão tem uma caminhada a atingir que é: sempre que agredido nunca se sentir ofendido, respondendo sempre com generosidade a quem o agride (cf. *Mt* 5,39-42).

Há tradução que em vez de "Perdoai as nossas ofensas assim como nós perdoamos a quem nos tem ofendido" diz: "Perdoai as nossas 'dívidas' assim como nós perdoamos os nossos 'devedores'.

É importante fazer uma leitura interior para saber a diferença de perdoar uma ofensa e uma dívida.

Dependendo do valor da dívida que estamos perdendo, é preciso abrir-se muito mais para as graças do perdoar as dívidas do que as ofensas.

Terceira petição: E NÃO NOS DEIXEIS CAIR EM TENTAÇÃO.

O homem como filho de Deus tem o direito de pedir e receber do Pai toda ajuda necessária para o seu reerguimento, sua salvação.

Não pedimos que não tenhamos tentações ou que não caiamos nelas, mas que não sucumbamos na tentação da apostasia, ou seja, mudança da fé, crença em outro deus.

Não nos deixe cair na hora da prova final como um cabrito ou o joio, peneirado como o trigo por Satanás (*Lc* 22,31).

Pedimos a ajuda pois somente os que perseverarem até o fim serão salvos. Se a oração é a vida da alma, a tentação é o despertador que nos adverte para que a alma não deixe de orar.

O ser humano vive em contínua tentação: a tentação demonstra que somos pessoas normais (*1Pd* 4,12).

Um homem sem tentações foge da realidade.

A tentação é uma prova da confiança que Deus tem naquele que é tentado.

> *"Combati o bom combate, terminei a minha corrida, conservei a fé."* (*2Tm* 4,7).

Encontramos as tentações dentro de nós mesmos.

> *"Cada um é tentado pelo seu próprio desejo, que o atrai e o seduz."* (*Tg* 1,14).

Satanás, o diabo, aparece na *Bíblia* como o grande tentador (*1Pd* 5,8; *At* 5,3; *Ap* 3,10; 12,9).

Deus permite a tentação, para que o homem saia vitorioso dela (*Ap* 2,26; 3,12).

A prova é de pai para filho, para que o filho tome consciência de sua fragilidade e recorra a ele, pedindo que o livre do perigo que o ameaça.

> *"Deus é fiel e não permitirá que sejam tentados acima das forças que vocês têm."* (*1Cor* 10,13).

Deus tenta o homem para provar sua fidelidade.

O homem tenta Deus para provar Seu poder, Sua sabedoria e Sua bondade, o que é um "gravíssimo pecado": *"Não tentem Javé, seu Deus."* (*Dt* 6,16).

O homem tenta Deus das seguintes maneiras: pedindo um milagre, um sinal milagroso como garantia da verdade.

Fazer uma promessa condicionada é o mesmo que dizer a Deus: eu Lhe dou isso e Você me dá aquilo.

Somente Deus pode fazer a promessa condicionada, e nunca o homem (*Ex* 19,5).

> "Não nos deixeis cair em tentação, do mesmo modo que nós não submeteremos nossos irmãos à tentação."

Quarta petição: MAS LIVRAI-NOS DO MAL.

O "mal" é a certeza de outro "mal" maior em caminho, assim caminha para o terrível "Mal", sem retorno. O homem, como filho, tem o direito de receber do Pai toda ajuda para a sua proteção.

> "Ao livrar-nos do mal, não nos deixe cair em tentação", e, "em não nos deixando cair em tentação, livra-nos do mal" (Santo Agostinho).

Pedimos que nos livre do mal em geral, do mal físico, do mal moral e social; que nos livre das influências do Maligno; que, se caímos, nos resgate do estado em que encontramos.

Ler: *Mt* 27,43; *Rm* 7,24.11,26.15,31; *Cl* 1,13; *2Cor* 1,10; *1Ts* 1,10; *2Ts* 3,2.

Estamos pedindo que nos liberte de um perigo, do qual já estamos envolvidos, ou a ponto de ser apanhados.

Que é o mal? Qual sua origem? Quem é o verdadeiro responsável? Por que triunfa o mal e não o bem?

Todas essas perguntas, e muitas outras, que podem ser feitas, não encontram resposta completas. O mal é um mistério absurdo, injustificável, incompreensível.

Pretender explicá-lo é querer explicar o inexplicável.

Nosso Deus se faz homem e morre na cruz. Somente a partir da fé nesse Deus executado, morto e ressuscitado, é possível admitir, sem compreender o mal que norteia nossas vidas.

"Ele vai enxugar toda lágrima, pois nunca mais haverá morte, nem luto, nem grito, nem dor." (Ap 21,4).

Não obstante, Deus continua permitindo o mal para produzir o bem (*Rm* 8,28).

Jesus Cristo ao morrer na cruz pela salvação do mundo, deixou o mundo semeado de amor.

Por essa razão, o triunfo do bem está garantido, à medida que essa semeadura do bem feita por Jesus Cristo vá sendo cultivada pela mão do homem; ela, fecundada pela chuva de graça vinda de Deus, vai se tornando vida até que a verdade do bem acabe com o mal.

Sabemos que Deus é maior que todo mal, que Ele pode e vai nos livrar de todos os males que vêm torturando o mundo.

O nosso pedido, o nosso suplicar é que o faça imediatamente, por amor aos homens.

"O Senhor me libertará de todo mal e me levará para o seu Reino eterno." (2Tm 4,18; Lc 4,18-19.21).

Grave bem isto:

Toda e qualquer oração só será uma oração inspirada se estiver fundamentada no "Pai nosso". Caso contrário ela será sua, da sua cabeça e não da vontade de Deus.

"A oração do 'Pai nosso' é a realidade do amanhã que esperamos hoje."

REZAR

Rezar não é o mesmo que orar

Poderíamos dizer que rezar é com a boca e orar é com o coração (a mente).

Rezar é pronunciar o que lemos ou sabemos de cor, concentrados ou desconcentrados.

Orar é dar-se de si, corpo, mente e espírito, a um diálogo com Deus.

Tratar com Deus do que não sou e não tenho, mas se for da vontade d'Ele quero ser e ter.

Nesse orar descubro meus erros, sinto não querê-los em minha vida, arrependo e peço perdão.

Nesse orar sinto no perdoar de Deus, uma nova coragem e alegria adentrando minha vida.

Não se chega a orar sem rezar

É verdade. O rezar é que nos leva, naturalmente, à oração.

Não deixa de rezar aquele que ora; pelo contrário, a reza passa a ser oração.

Quão importante se torna à reza do terço, por exemplo, em estado de oração: corpo, mente e espírito.

A reza ou a oração é o nosso aprender a relacionarmo-nos com Deus para podermos participar de toda a Sua grandeza e de toda a Sua riqueza. Do Seu querer me dar e do Seu querer me fazer, o meu querer receber e o meu querer ser.

Reza do Terço – Oração do Terço – Rosário

"Na reza" anunciamos os mistérios.

"Na oração" contemplamos os mistérios.

"Contemplar" os mistérios é vivenciar as cenas que são as fontes da salvação.

Elas foram vividas por Cristo para permanecerem eternas como meios de salvação.

A Igreja afirma que a Palavra de Deus é eterna e imutável, portanto, o propósito da história da vida de Cristo é deixar para a eternidade as graças de salvação garantidas a nós através da Sua vida no meio dos homens.

"Contemplar" é estar com; contemplar é estar com Cristo naquilo que contemplamos.

"Adorar" é ser um com; adorar a Cristo é ser um com Ele – entrega plena.

A oração do terço é uma oração poderosa e plenamente evangelizadora. É uma "contemplação" dos momentos vividos por Jesus e Maria para conquistar e garantir a nossa salvação. É um "contemplar" da nossa salvação.

Iniciamos invocando o Espírito Santo a fim de nos capacitar a sustentar a nossa entrega e daqueles por quem estamos pedindo (intercessão). Proclamamos o Creio, fundamentos para ser Igreja, proclamamos na autoridade da Igreja.

Como Igreja temos um Pai que nos ensina a orar proclamando o "Pai nosso".

Honramos o Pai, o Filho e o Espírito Santo com três Ave-Marias.

A primeira parte da Ave-Maria é eterna, pois o próprio Deus a orou primeiro (pelo anjo e por Isabel). A segunda parte, Santa Maria, é a oração da Igreja pela vontade de Deus Pai (Maria, mãe e intercessora). Encerramos esta primeira parte glorificando a Deus Pai, Deus Filho e Deus Espírito Santo.

Inicia-se agora a anunciação dos mistérios a serem contemplados:

Anunciar os Mistérios que vamos "contemplar", é criar na imaginação a cena, conforme citada na Palavra (fazer parte da cena em postura de louvor e agradecimento).

Portanto, contemplamos o que nos foi dado contemplar, a maneira como Deus realizou a nossa salvação.

Mistérios Gozosos – Da anunciação até o encontro do Menino Jesus pregando aos doutores da lei no templo.

Mistérios Luminosos – Do batismo de Jesus até a instituição da Eucaristia.

Fundamentos da Fé

Mistérios Dolorosos – Da agonia de Jesus no Horto das Oliveiras até a Sua morte dolorosa na Cruz.

Mistérios Gloriosos – Da Ressurreição de Jesus até a Coroação de Nossa Senhora como Rainha e Mãe Nossa.

Ao final de cada dezena das Ave-Marias saudamos a Deus Pai com o "Glória" e a jaculatória.

Ao final da última dezena, o Glória e a jaculatória terminamos agradecendo a Maria pelos benefícios que dela recebemos, proclamando-a "Salve Rainha".

A Igreja tem sua caminhada na postura de seus santos. Homens e mulheres que deixaram testemunhos de vida e santidade como referencial para a fé de outros e aqueles que os dão nos dias de hoje, a grande maioria deles foram e são hoje fervorosos orantes do terço.

Sempre se recorda de algum bispo ou Papa praticante da devoção e oração diária do "Terço de Maria".

É comum dizer que não temos tempo para rezar o terço. É normal entre nós tal verdade. Se não tenho tempo nem condições ideais para rezar o terço, tenho todo tempo, do acordar ao dormir, para orar.

A oração sendo mental, não nos impede de relacionarmo-nos com Deus a qualquer hora em qualquer lugar. Quando assim somos e vivemos, fazemos uma grande experiência de arranjar tempo para a oração do terço.

Saúde física: Faço minha caminhada quase toda manhã. Orientação médica. Faço-a sozinho, prefiro. Conversar andando não é bom, pois tenho problema respiratório.

Que bem extraordinário experimento em minha vida física: sinto uma respiração livre, tranquila, uma disposição física diferente do meu normal, todo meu corpo se enquadra dentro dos valores laboratoriais desejáveis.

Saúde espiritual: sinto que meu espírito se enche de alegria, de ânimo, de uma nova qualidade de vida. Se sinto a tristeza, a indecisão, ou percebo até uma depressão chegando; tudo se afasta para longe de mim.

A grande graça é que tenho plena consciência de que é, pelo caminhar orando o terço, que tudo fica em mim, como Deus me quer. "*Em tudo dai graças*", diz a Palavra.

Eu louvo e agradeço a Deus pela necessidade que tenho em ter que caminhar por causa da oportunidade de ter "o tempo" para a oração do terço. É maravilhoso perceber Deus mudando os nossos prazeres, nossos valores.

Orar o terço passa a ser um momento muito especial na vida da gente. Não fugimos da oportunidade. Minha mulher sempre orou o terço. Agora oramos juntos, e isso nos une de uma maneira muito forte, surpreendente.

Percebemos claramente uma disposição, um com o outro, de não permitir que as diferenças existentes entre nós se transformem em dificuldade de relacionamento. Nossas diferenças são combatidas na força de Deus em nós, não permitindo que elas nos dominem. Percebemos, também, claramente, uma predisposição de sermos agradável um ao outro.

A grande graça é que eu e ela temos a certeza de que essa vida matrimonial é fruto das graças recebidas no Sacramento do Matrimônio, "na igreja". Na oração do terço temos a oportunidade de nos evangelizar pelo conhecimento da Palavra. Tomamos conhecimento de como Deus realizou a salvação para mim e para o povo da Sua Igreja.

Quando se ora, inspirado pelo Espírito Santo, a "Oração do Terço" vamos entendendo cada momento vivido por Cristo; entramos numa meditação profunda que gera em nós uma experiência maravilhosa de Deus presente.

A cada contemplação somos levados, pelo Espírito Santo, a louvar, agradecer, bendizer a Deus tal sacrifício vivido por Cristo "exclusivamente" para a felicidade do nosso casamento.

"Exclusivamente" é o termo ideal para descrever o sentir-se num relacionamento pessoal com a paz e a alegria; sentimo-nos ser novas pessoas: ânimo, disposição, otimismo cordialidade.

Pela graça de Deus, nosso ser se enche da verdade: "Deus está em mim e eu estou em Deus".

Orar o terço é abrir-se para Deus e tomar posse de nossa "nova vida".

AVE-MARIA

Oração de saudação a Mãe de Deus

Ave César, imperador de Roma. Com a inclinação do corpo para frente e pronunciando "ave César" assim o homem mais poderoso da face da terra era reverenciado pelos que podiam dirigir-se a ele.

Deus, como que querendo a maneira dos homens, Ele próprio, através do anjo, dirige-se à Maria, sem a inclinação do corpo, mas reverenciando-a como a mais importante para Ele no meio dos homens.

"AVE, CHEIA DA GRAÇA". O SENHOR "É" CONVOSCO".

- O que Deus fala e faz é tudo o que Ele espera que também nós digamos e façamos.
- Deus nos revela quem Maria é para nós por Ele.
- Leva Maria a visitar Isabel para que saibamos como Ele vai usá-la em nosso benefício.

"BENDITA ÉS TU ENTRE AS MULHERES E BENDITO É O FRUTO DO 'TEU' VENTRE, JESUS".

Deus fala por Isabel para que todos saibam a grandeza divina que é Maria.

Isabel testemunha sua gratidão a Deus, para com ela, pela honrosa visita de Maria.

A Palavra, Deus, nos diz que logo que chegou aos ouvidos de Isabel a saudação de Maria, o menino saltou no seu seio e ela ficou cheia do Espírito Santo. Ela e o menino, João Batista. E Deus continua nos ensinando através de Isabel:

"E donde me é dado a graça que venha a visitar-me a Mãe do meu Senhor?"

Para uma fé "fundamentada" é necessário saber, para crer que:

- O que Deus falou, Ele fala hoje e sempre.
- O que Deus fez, Ele continua fazendo hoje e sempre.
- A Palavra é a descrição de como Deus vive hoje e sempre.
- Deus é eterno e imutável.
- Eterno é aquilo que iniciou, para nós, para nunca mais ter fim.

Deus falou: "Ave cheia de graça, o Senhor é contigo", Ele fala o mesmo agora. Maria se tornou eterna naquilo que Deus a quis. Cheia da graça ontem, hoje e sempre.

Deus falou: "Bendita és tu entre as mulheres e bendito é o fruto do teu ventre".

Deus continua a afirmar tal verdade para nós hoje. O que Ele diz é tudo o que Ele quer que digamos também. Assim, quem orou a primeira "Ave-Maria" foi Deus.

Nós somos o segundo a orar, pois todos aprendemos de Deus. A Igreja, inspirada pelo Espírito Santo, responde com sabedoria e humildade o "seu sim" a Ele.

"SANTA MARIA, MÃE DE DEUS, ROGAI POR NÓS PECADORES, AGORA E NA HORA DE NOSSA MORTE". AMÉM.

> Lembre-se:
> "Tudo o que necessitamos ser é para a hora da nossa morte."
> "Viver como "Salvos" agora para a salvação eterna."

Quem morre sem conhecer, sem amar a Deus, sofre antes e depois, pois viveu a vida sem dar sentido à morte.

Orar é estar ciente de que Deus vai querer alguma coisa de mim e para mim. Orar é estar ciente de que, o que Deus quer para mim é o que eu mais quero nesta vida.

Sempre que você estiver rezando com o pensamento em coisa tão diferente, e tomar conhecimento dessa fraqueza, louve e agradeça a Deus.

É o Espírito Santo querendo fazer você orar com Ele e Ele com você. Amém?

"Todas as gerações me proclamarão bem-aventurada."

Fundamentos da Fé

É uma graça de Deus pertencer a uma Igreja que nos incentiva a devoção à Maria.

A Palavra diz que só entrarão no Reino do Céu quem fizer a vontade de Deus.

"Bem-aventurada" significa estar junto a Deus onde Deus está, no céu.

Céu quer dizer: "Celestial" e Celestial é em todo lugar ao mesmo tempo.

Deus está em todo lugar a todo instante. Onde está Maria, Deus está com ela, por ela e nela. Maria não está com Deus apenas nos sacramentos.

Maria é a porta para Deus; ela indica o caminho para chegarmos ao Pai.

"Todas as gerações", não se trata só de tempos mas, de toda humanidade da face da terra.

A Palavra de Deus está nos afirmando que Maria é eterna junto com Ele e com o mesmo objetivo para o qual ela foi criada: "Atuar na minha salvação e de toda humanidade".

A oração da Ave-Maria é poderosa pela realidade que é Maria para nós no querer de Deus.

> São Tomás de Aquino afirma: "A Bem-aventurada Virgem Maria, pelo fato de ser Mãe de Deus, tem em si uma espécie de dignidade infinita por causa do bem infinito que é Deus."

Deus dá a graça proporcionada à dignidade a que destina o agraciado.

Maria, escolhida para ser a Mãe de Deus, foi capacitado com Sua graça, adornando-a de uma santidade perfeita que a pôs à altura dessa dignidade (GM 230).

> São Bernardo diz: "Só Deus é superior a Maria, todos os demais seres vivos lhe são inferiores. É tamanha a grandeza da Virgem que só Deus pode e sabe compreendê-la" (GM 258).

O Concílio Vaticano II chamou Maria de "O Sacrário do Espírito Santo".

> São Bernardo fala: "Deus quis que recebamos tudo por Maria" (P 99).
> Segundo São Luiz, "Ser devoto de Maria é sinal infalível de que está sendo conduzido pelo Espírito Santo."

São os santos os que experimentaram em suas vidas a presença atuante de Maria, para que pudessem alcançar a santidade desejada por eles, essa realidade. É que nos desperta para a convivência de Maria.

A reza da Ave-Maria deve ser transformada em "Oração da Ave-Maria".

Orar é acolher os benefícios divinos pela prática consciente daquilo que Deus oferece. É Deus oferecendo Nossa Senhora como portadora do tanto quanto precisamos para a realização do tudo quanto Ele quer para nós.

É pela oração da Ave-Maria que Deus realiza em nós a graça de confiar em Nossa Senhora. A fé na oração acontece pela nossa atenção aos resultados após a oração. Isto é muito importante para que não nos expressemos dizendo: "Puxa, que sorte eu tive".

Toda oração sugere um acompanhamento cuidadoso de cooperação às evidências acontecendo. A graça pedida vai acontecendo gradativamente e esperando de nós atitudes de comportamento dedicado, como quem está acompanhando conscientemente Deus agindo.

Quem tem, e sempre teve, uma vida de devoção à Nossa Senhora, na prática da oração do terço, olha para sua vida e vê claramente quanta ajuda teve da mãe e o quanto deixou despercebido por estar vendo só o hoje. A oração da Ave-Maria faz crescer em nós a devoção à Maria.

Crescer na devoção à Maria significa o ganho das graças necessárias para corresponder em atitudes conforme aquilo que Maria é para Deus e para os homens e mulheres.

Devoção significa que, conhecendo, sinta vontade e coragem de ser do jeito que aquele santo ou santa se comportou.

A "devoção" só é verdadeira quando nos leva à "vocação".

Assim, a nossa vocação se torna uma entrega a Deus para que Ele possa realizar em nós e, por nosso jeito de ser, a continuidade daquele ou daquela que viveu Seu querer aqui na terra.

Vocação, portanto, é coisa de Deus para aqueles que, tocados pelo Espírito Santo, admiram-se por conhecer Seus santos e santas, e querem imitá-los.

Devoção não é escolher um santo ou uma santa para ajudar você naquilo que você precisa ser ou ter.

Devoção é escolher um santo ou uma santa para ajudar você a ser servo de Jesus, imitando-o em seu exemplo deixado à Igreja.

INTERCESSÃO

Oração de intercessão

Sempre que fazemos uma oração entregando a Jesus alguém, pode se dizer que esta é uma oração de intercessão. *"Orai uns pelos outros para serdes curados."*

"A oração do justo tem grande eficácia." (Tg 5,16).

Todo aquele que, mesmo sendo alguém injusto, ora entregando, pedindo por alguém a Deus, nesse momento ele se torna uma pessoa justa sem aliviar a sua culpa. Justo é todo aquele que pratica a vontade de Deus.

Tenho plena certeza que aquele que está orando por alguém, já está recebendo graças, não podendo nem imaginar como as ganharia se as fosse pedir.

A oração de intercessão é fruto do dom da fé. Se peço ou se entrego a Deus é porque Ele está presente, me vendo fazer aquilo que é do Seu agrado, que esperava me ver fazendo. Oração de intercessão é o meu entregar-se a Deus para que se realize o Seu querer na vida do próximo.

Oração de intercessão é, portanto, o meu entregar-se a Deus para ser usado em benefício de quem intercedo. É consagrar a Deus minha vida como prova do meu amor por quem intercedo (Sl 144,18).

Se sozinho, ou em grupo, reunimos para um tempo específico de oração de intercessão, por exemplo, pelo grupo de oração, é preciso ter em mente toda necessidade da parte da coordenação ou núcleo e do ministério de música, principalmente.

Lembremos sempre que orar é tratar daquilo que é do interesse de Deus.

A oração de intercessão é exclusivamente de súplica e entrega daquilo que queremos de coração, que seja conduzido por Deus. Um momento de oração de intercessão não pode ser um tempo em que se reza por rezar.

Se for uma reza, esta tem que ser intercalada com diálogos conscientes de relacionamento íntimo e amoroso com Deus, a respeito da entrega que queremos fazer.

Não quero dizer que Deus não dá importância para a reza, que ela não tem valor diante d'Ele. O que eu quero dizer é que quando só se reza com a boca, o orante não se unge, não se abre, não se condiciona a ser instrumento portador dos dons de sabedoria para o grupo.

Deus não pode torná-lo habilitado a ser portador das graças para aquilo ou para quem está pedindo. Deus está muito mais interessado em dar, do que o orante em receber.

Aquele que ora por intercessão deve estar plenamente integrado na participação do grupo, sentir-se alguém que é muito importante para Deus na missão da sua intercessão.

Será sempre o intercessor quem levará orientações divinas como, palavras de ciências, profecias, para a orientação e a condução do grupo ou da pessoa.

Negligenciar a importância da oração de intercessão é não estar preparado para assumir cargo diretivo na RCC ou em qualquer movimento da Igreja.

Não saber a importância de conquistar pessoas e formá-las intercessoras, e querer tocar o grupo sem intercessão, é estar colocando todo o grupo ou movimento "sem condições" de crescimento espiritual. Quem coordena grupo ou movimento da Igreja e não tem conhecimento da necessidade de intercessão talvez ainda não esteja preparado para tal função.

Quando o pessoal do grupo tem formação espiritual, todos eles podem ser intercessores do grupo.

Cada um se dedicando à sua oração diária e se colocando em escuta se torna uma bênção de Deus para si mesmo e para o grupo ou movimento.

Sempre que possível, a oração de intercessão em grupo é muito bom.

Não digo que é melhor, porque para o grupo, ambas têm a mesma função. Deus sabe compreender dificuldades e não vai ser diferente na Sua misericórdia.

Em grupo se torna melhor para os participantes em si. A presença de cada um se torna uma bênção de Deus para o outro. Bênção de irmanados na mesma causa de Deus, bênção de união, de perseverança, de unidade, de cura e de libertação de uns para os outros.

Quando oramos por qualquer pessoa, entregando-a a Deus na situação em que ela se encontra, estamos em oração de intercessão.

Percebemos Deus agindo, isso vai nos alegrando sobremaneira, e quando dialogamos com ela sentimos firmeza nos conselhos que damos, pois este é digno de louvor.

O intercessor é aquele que, verdadeiramente se entrega às graças de santificação, pela prática do fazer o que Deus mais quer: "Amar a Deus sobre todas as coisas e ao próximo como a si mesmo".

Só se preocupa com o próximo, aquele que tem a graça de amar a Deus.

Sabemos o quanto amamos a Deus pelo quanto, "em nome de Deus", queremos Deus na vida do irmão e o irmão na vida em Deus.

Se pensarmos bem, a vida do homem de fé, se resume em ser instrumento de Deus para conquistar para Deus, com Deus e em Deus, aqueles que Ele vai colocando em seu caminho.

Intercessor significa: salvo para salvar – curado para curar – libertado para libertar – capacitado para capacitar.

É normal orarmos pedindo por países em guerra, por povos vítimas de catástrofes de toda natureza, sem que pessoalmente possamos dar alguma ajuda substancial.

Nestes casos, declaramos a Deus nossa pequenez diante do fato, mas estamos fazendo o que Ele espera: "Creio e espero na misericórdia de Deus".

Sabemos da importância do ministério de música para o bom andamento e aproveitamento espiritual do grupo de oração.

Normalmente, o pessoal da música não tem condições de tempo para participar do núcleo (reunião da equipe responsável pelo grupo) como preparo do próximo grupo. Um problema seríssimo. Como será, então, nossa oração de intercessão tanto para o grupo como para o ministério de música?

> Lembre-se deste fundamento: O grupo de oração é de Jesus. Unicamente de Jesus.

É Jesus quem quer se reunir com os convidados que aceitaram Seu convite. O tempo de duração, o horário e o dia, são de Jesus para "Ele realizar" Sua obra de salvação aos escolhidos presentes.

> É Jesus quem quer para nós aquele momento, portanto somos de Jesus e para Jesus.

Orar pedindo a Jesus que unja o ministério de música, que derrame sobre todos nós o Espírito Santo para que possamos ter um lindo grupo de oração é falta de humildade. Agindo assim achamos que o grupo de oração é nosso e é unicamente de nossa responsabilidade zelar por ele.

Não é isso que Jesus espera de nós. Jesus espera de cada um uma perfeita consciência de entrega, do querer permitir que o Espírito Santo convença a todos a entregar-se a Ele; Jesus é quem nos vai ajudar. Sem saber queremos Jesus comandado por nós naquilo que queremos e precisamos d'Ele.

Se o grupo de oração é o momento esperado por Jesus, para realizar a Sua obra, ninguém mais do que Ele quer ungir os músicos e os demais.

Agindo assim, repito, achamos que o grupo de oração é nosso, e é unicamente de nossa responsabilidade zelar por ele. Jesus é quem vai nos ajudar. Esquecemos que Jesus é o Senhor e nós é que somos Seus servos.

Fundamentados nessa verdade, nossa oração tem tudo para ser realmente inspirada pelo Espírito Santo de Deus.

Se não alcançarmos o "bom senso", para assim querer entender, estaremos limitando a ação do Espírito Santo sobre todos do grupo. Culpa nossa.

Cientes de que Jesus conhece as necessidades do grupo podemos, assim, orar com muita fé de que a entrega feita por nós, dos nossos músicos, será como a autorização esperada por Ele, para que a unção que tanto deseja fazer seja muito mais do que nosso simples pedir.

Assim, devemos orar pelo coordenador do grupo e por todos os que são usados por Jesus como instrumentos portadores do poder evangelizador e libertador de Jesus presente.

O intercessor nunca poderá ser aquele que só vai pedir, mas aquele que vai buscar as graças. O intercessor deverá ser o mais interessado da ação de Deus pelo grupo do que para ele próprio. O intercessor será sempre aquele que se oferece a Jesus como canal da graça a quem Ele precisa conquistar para ser usado por Ele, com Ele e n'Ele.

"Eu vivo, mas não sou eu, é Cristo que vive em mim."

É por essa verdade que devemos sempre orar, não só para os outros pois, orando para outros, oro principalmente para mim.

Fundamentos da Fé

O mandamento: "Amar o próximo como Eu vos amo" deve ser o nosso objetivo para que o próximo conheça e se entregue a Deus. Amar o próximo é querer que ele queira e deixe Deus se mostrar a ele.

> Lembremo-nos que interceder é colocar-se no lugar do outro e tratar com Deus da sua causa, como se fosse também a causa d'Ele.

Interceder é estar entre Deus e o grupo de oração ou quem quer que seja, sentindo suas necessidades como sendo as suas também.

A *Bíblia* nos mostra quão importante é para nós e para Deus, o homem intercedendo por aquilo que é da vontade de Deus e necessidade dos homens.

> "Orai uns pelos outros." (*Tg* 5,16).

Abraão suplica por Ló, Moisés intercede por Israel, Samuel pela nação, Daniel pela libertação do seu povo no cativeiro, Davi suplicou pelo seu povo, Cristo roga por Seus discípulos, Paulo teve uma vida constante de intercessão.

Quando Abraão fica sabendo que Sodoma e Gomorra iam ser destruídas, tenta interceder junto a Deus para evitar tal catástrofe. O diálogo entre Deus e Abraão termina quando Deus convence Abraão de que se Ele encontrasse pelo menos dez justos não destruiria as duas cidades.

> "Se Deus encontrasse dez ou apenas UM justo, por esse justo, Deus nele com ele e por ele, Ele, Deus, teria condições de salvar as duas cidades." (cf. *2Pd* 2).

"Jesus ao ver a multidão, sentiu compaixão dela, porque estavam humilhados e abatidos como ovelhas sem pastor." Jesus viu a multidão e sentiu compaixão: isto o levou a escolher os doze Apóstolos e a enviá-los a pregar, curar, a libertar... intercessores.

Oração de intercessão é, portanto, uma oração para que a vontade de Deus seja realizada na vida de quem intercedo. Através dos dons eu oro no sentido de que seja feita a vontade d'Ele e me coloco a disposição, "entregando-me", como Seu instrumento auxiliar, pois o querer de Deus se tornou o meu querer também. Sou um intercessor.

Não é Deus que retém as bênçãos para Seu povo, Seu grupo, Seu filho. É o nosso jeito de ser autossuficientes: "Quero ser e fazer do meu jeito". Por isso "interceder" se torna uma batalha. Temos que nos deixar sermos preparados pelo Espírito Santo para esse combate interior. Por isso o intercessor deverá ter intimidade com Deus a fim de receber, pelos dons, uma comunicação de orientação divina e partilhar com o grupo de servos ou núcleo para um discernimento e planejamento de ação.

Por exemplo: uma formação sobre os fundamentos a fim de gerar uma fé adulta e consciente para que o grupo tenha condições de um crescimento contínuo de autêntica conversão.

Não se deve ficar na infantilidade de comportamento, que leva o grupo mais para as brincadeiras, do que para a concentração espiritual, sem a qual não se pode esperar a condição do entregar-se ao Espírito Santo. Quem quer dirigir sozinho, não quer trabalhar em equipe, é autossuficiente e, assim sendo, ele não permitirá o Espírito agir.

O grave erro de condução de um grupo de oração pode e deve ser corrigido através do intercessor alertado pelo Espírito Santo.

Uma intercessão só resultará em ação concreta do Espírito Santo em todos os participantes do grupo de oração, quando a equipe – intercessores mais os componentes do núcleo ou servos – estiver caminhando unida, num crescimento espiritual. Todos se alegrarão ao presenciar o mesmo crescimento espiritual em todos os participantes do grupo.

Como podemos ver, o intercessor deverá ser parte plenamente ativa no planejamento da formação dos servos para se ter um grupo dirigido por fieis no querer de Deus.

O cristão será sempre um canal de Deus para a Sua Igreja, e esta para o mundo, na proclamação da palavra, na evangelização e na intercessão.

Todo cristão é chamado ao seu sacerdócio:

> *"Vós, porém, sois raça eleita, sacerdócio real, nação santa, povo de propriedade exclusiva de Deus, a fim de proclamardes as virtudes daquele que vos chamou das trevas para Sua maravilhosa luz."* (1Pd 2,9).

Toda a Igreja é chamada ao grande ministério da intercessão

O intercessor é aquele que vai dialogar com Deus por causa dos outros, sabendo que sua fé crescerá. Faz porque crê.

Fundamentos da Fé

"Creio, Senhor, mas aumentai a minha fé."

O intercessor é aquele que ama a Deus e por amá-l'O é que ele faz do grupo de oração o seu lugar de encontro com Ele e com os irmãos por quem intercede.

- Como poderia colocar em prática tão bela missão se não sou o que deveria ser?
- Como, se nem eu mesmo consigo ter um viver na intimidade com Deus?
- Como, se estou longe de ter minha vida sob a perfeita direção do Espírito Santo de Deus?
- Como, então ser o que gostaria tanto de ser: um intercessor?

Quando toda verdade desta sua realidade vier, plena, tranquila e consciente lhe revelar o como é o seu viver; a distância em que se encontra das condições para ser um verdadeiro intercessor, então você vai começar a sentir-se, não em condições, mas uma alegria muito grande e uma vontade enorme de interceder. Estará assim, experimentando a alegria no Espírito.

Só será um intercessor aquele que sente o querer de Deus, de tê-lo como elo naquilo ou naquele que Ele quer acontecer.

CURA

Oração de Cura Interior e Libertação

Por ser um assunto muito importante e ao mesmo tempo delicado, devemos tratá-lo com muito carinho e responsabilidade, sempre atentos às orientações do Magistério da Igreja específicas ao assunto.

É preciso conhecer os fundamentos para poder seguir por caminho certo e não cair em enganos perigosos.

Tanto podemos estar cooperando com o Espírito Santo, como podemos estar em desacordo com os fundamentos, ou seja, fora da verdade e assim estaremos impedindo a cura e a libertação nossa e do próximo.

A riqueza espiritual da Igreja é fruto de pessoas escolhidas e de grande sensibilidade ao Espírito, por isso, não considerar o que a Igreja ensina é atitude de desrespeito à Igreja e ao Espírito Santo.

Como fundamento para nossa orientação, pelos seus estudiosos, a Igreja nos ensina os tópicos que apresentarei a seguir:

—*Como é constituído o ser humano.*

É constituído por três componentes: O espírito (ou coração profundo), a alma (ou a psique) e o corpo.

O homem é espiritual, psíquico e corporal.

O homem é a "unidade" entre os três componentes.

O espírito, o coração profundo, como chamam alguns, é o centro do nosso ser, coração do coração do qual nos fala a *Bíblia*.

O espírito não é local de processamento de sentimentos, mas o local de encontro com Deus.

O espírito seria como um departamento, um escritório onde Deus estabelece sua presença.

A alma, ou a psique, local onde se processam as emoções, nossas afetividades, sentimentos. Nela é que temos a inteligência, a imaginação, e todas as nossas faculdades. É na alma onde travamos relacionamentos com nosso próprio ser e com os outros.

O corpo assume tanto o plano físico (corpóreo, a saúde) como o biológico (sua vida, relacionamentos). Pelo corpo se manifestam a realidade da alma (psique) e a atividade do espírito atuando.

A alma é envolvida pela condição do corpo: corpo doente, alma triste, corpo são, alma em condições de ser feliz.

Na ordem dos fatores, o corpo é submisso à alma e a alma deve ser submissa ao espírito.

> "Minha alma glorifica ao Senhor e meu espírito exulta de alegria em Deus meu salvador."

Pelo seu corpo Maria expressa a condição da sua alma vivenciada pelo Espírito.

É só através do espírito que a alma chega à felicidade exultante.

Há santos que afirmam que é pela alma que alcançamos a alegria, mas é só pelo Espírito que experimentamos a felicidade prometida por Cristo Jesus.

Agora já sabemos como cooperar com Deus. Lembre-se e nunca se esqueça: Não precisa clamar por Deus olhando para o céu, distante de você. Clame, entregue-se ao Deus que faz morada em você.

— *Tomemos consciência.*

> É preciso ter "consciência" de que o Espírito Santo vive e opera dentro de você. Já está em você.
> Tomar "consciência" de que sua mente tem que se abrir ao plano espiritual que está em você e é para você.
> Tenho que aprender a "perceber" a colaboração de Deus que está em mim e para mim.

Tenho que aprender a "colaborar" com "o Deus de Jesus Cristo" que está em mim; o Deus de todos nós. Tenho que perceber claramente minha "responsabilidade" com a minha história, com a minha escolha: fechar-se no meu jeito de ser ou encontrar o caminho da "vida" que está em mim.

Fundamentos da Fé

"Eu sou o caminho, a verdade e a vida", esta verdade está em você e é para você.

Tomar consciência das transgressões às leis de Deus, a qual desconhecia por viver baseado em noções errôneas de sofrimento, de culpa, de insatisfação achando ser o querer de um Deus condenador.

Somos ainda doentes por causa da nossa história. A cultura social que vivemos nos machucou, nos feriu, nos moldou: "olho por olho, dente por dente"; "quem com ferro fere com ferro será ferido".

Vivemos assustados, inseguros, com medo, mágoa, ódio, vingança. Ficamos contentes quando a notícia diz que a polícia matou dez bandidos.

Seja qual for a sua história, ela não pode ser apagada, porém é possível mudar as consequências do seu passado sobre o presente.

Uma "nova vida" vai partir daquilo que você é, consolidando-se pelas experiências de uma nova qualidade de vida pelo espírito.

Normalmente se reza para ser curado de algum sintoma do mal: dores no corpo, tristeza, alguma doença e ignoramos a existência dos problemas de fundo que permanecem realizando o mal.

Experimentamos assim tristes decepções. Pensamos ser falta de fé e cedemos ao desencorajamento e a depressão.

— *Não existem curas mágicas.*

Queremos a cura, mas não valorizamos a conversão.

Eis a razão pela qual é preferível trabalhar na evangelização antes de falar de cura.

Deus cura de verdade – está em você para que tenha saúde da alma e do corpo "pelo Espírito".

Ele quer precisar usar de você e com você, e com certeza o quer com saúde, com capacidade para Sua obra.

Não se inquiete, pois o Espírito vive em você e vai ajudá-lo a caminhar. É Ele quem está lhe chamando para este caminhar de cura e libertação.

A *Bíblia* diz que Jesus passa deste mundo para o Pai. Deus O acompanhou no Seu trajeto de abandono, de dor, mas ao mesmo tempo de perdão, sempre na companhia do Pai que nunca O deixou.

Somos também chamados a passar deste mundo ao Pai, não apenas no momento de nossa morte, mas cada vez que nos confrontamos com o mal, vencendo-o, pois Deus é a única força de que necessitamos. Assim experimentamos, em cada força do mal que vem em nossa direção, ver nossas vidas serem transformadas em força de ressurreição.

— *A vida brotará do mal vencido na força de Deus em nós.*

Somos atendidos, ou melhor, conquistamos o que necessitamos, quando nossa oração vai de encontro com a revelação do espírito em nós, dando-nos total reconhecimento de nossa cegueira, de nosso jeito errado de ser junto com uma total rejeição daquilo que sou por pertencer ao mundo.

A infecção desaparece, pois renunciamos o caminho da morte que era sua fonte e escolhemos um caminho de vida.

No Antigo Testamento a presença de Deus era percebida por sinais concretos, perceptíveis, sensíveis como: o vento, a brisa, o trovão, o fogo, a nuvens, a luz e assim por diante.

Agora, depois de Pentecostes, pelo ser cristão, por ser Igreja, nós percebemos a presença de Deus, nós a percebemos pois, ela vem em forma de nova qualidade de vida. "Vida pelo Espírito".

"*Eu vivo, mas não sou eu, é Cristo que vive em mim.*" (Gal 2,20).

Uma cura interior é o iniciar de uma nova maneira de viver que exige confiança e ajuda nossa. Vamos permitir que o Espírito Santo adentre o mais profundo do nosso ser. Revelar-nos-á fatos, feridas ainda ativas pelas quais não conseguimos sair do estado de tristeza e insatisfação impossibilitando-nos, assim, de crescermos na fé.

Somos chamados a viver uma justa colaboração com o Espírito Santo sendo, cada um, parte ativa na obra salvífica de Cristo em sua vida. Eu ajudo Deus a me curar e me libertar.

Fundamentos da Fé

A colaboração que tenho que dar é o desejo e o aplicar-se na minha evangelização.

Evangelizar-se é: andar com o povo de Deus que quer aprofundar-se no conhecimento da Palavra de Deus. No conhecimento dos fundamentos, no conhecimento daquilo que Deus verdadeiramente é e quer.

Ao meditar a palavra bíblica já estou sendo acompanhado pelo "Deus que está em mim". Ele vai me dando entendimento, prazer, admiração naquilo que vou compreendendo como verdade.

Oro para que a verdade descoberta não seja só racional mas, que seja transformada em vida pela minha vida.

Deus em mim vai convencendo o meu racional e eu vou acolhendo como verdade e autorizando: no meu querer ser, o que Deus me oferece ser. Essa é a "oração", que Deus espera de mim.

Sinto meu corpo começar a orar, sinal de que minha alma está sendo submissa ao Espírito.

O corpo ora pelo pensamento inspirado, ora pela boca que quer manifestar, exteriorizar a alegria da alma.

Tudo isso por obra de Deus em mim e da minha colaboração. Tudo é graça de Deus (Deus se doa). Tudo é iniciativa de Deus. Tudo acontece porque permito, pelo meu querer, Deus realizar Seu querer em mim.

— *Sem saber, sem pedir, estamos sendo curados de tantos males.*

Esta é a paz prometida por Cristo. Restauram-se em nós os estragos a que nos submetemos, vivendo na ignorância de Deus, regenerando em nós uma fé autêntica pela experiência. A fé não é "só" racional, ela é dom do Deus que vive em nós; é pela experiência de Deus que somos homens de fé.

Isto é muito importante, importantíssimo: A finalidade de nossa caminhada não é encontrar a cura nem a libertação total. Não se engane a esse respeito.

O fim de nossos caminhos de evangelização é colocar Deus em seu devido lugar em nossa vida.

É retornar a Deus vivendo plenamente nossa humanidade, aquilo que somos, onde estamos, mas principalmente para aquilo que Deus quer por nós.

Diante de tão fascinante verdade, concluímos que a melhor oração é Amar.

Lembre-se: Amar é: "Tudo o que é meu é teu, inclusive eu."

Tudo é Deus, só Deus é tudo, portanto amar é ajudá-l'O ajudando o próximo a aceitá-l'O em sua vida.

Se amar é "tudo o que é meu é teu inclusive eu", amar é fazer todo possível para que o irmão ame a Deus, ou seja, entregue sua vida a Ele, como eu entreguei a minha.

Lembre-se: O racional convencido é que permite a obra do Espírito Santo nele. "Seduziste-me, Senhor, e eu me deixei seduzir", disse o profeta Jeremias.

Evangelizar, portanto, é ser instrumento para convencer o irmão da verdade que é Cristo Jesus. É despertar no irmão a curiosidade de fazer uma experiência de Jesus na sua vida. É desafiá-lo a fazer uma oração sincera de entrega a Jesus, para que a experiência de Jesus em sua vida seja dele, somente dele.

Ninguém mais vai precisar convencê-lo, ele está convencido, um convertido.

Como é triste ver pessoa vivendo sua vida numa dependência total à custa da fé de outros.

Como é triste ver pessoa, bem intencionada é verdade, prometendo curas e soluções de vida, em nome de Jesus, na sua oração por aquele que está pedindo para si ou por alguém de sua família.

Como é lindo ver pessoas orientando alguém a fazer, ele mesmo, sua experiência de Deus em sua vida. Acompanhando essa pessoa, ajudando-a a se comprometer com uma caminhada de evangelização (experiência de Jesus em sua vida).

Como é lindo ajudar uma pessoa à sua caminhada para Cristo, orientando-a e conquistando-a cada vez mais para Jesus e para com ela mesma.

Há santos que dizem que agora somos nós que nos curamos em Jesus. Não é mais Jesus quem cura.

Curamo-nos deixando-nos tornar servos, para que Jesus possa ser o Senhor de todo o nosso ser.

Os exemplos das curas de Jesus, na *Bíblia*, deixam claras Suas intenções salvíficas:

"O louvor, a glória a Deus, o testemunho da misericórdia de Deus."
"O motivo pelo qual era possível Jesus continuar a ensinar, a realizar Sua missão."

Jesus nos cura para tornarmo-nos um referencial da Sua presença viva no meio em que convivemos; para sermos uma atração a outros escolhidos, para também serem curados e libertados. Forma-se assim, uma Igreja vivente e crescente na glória do Senhor vivo, presente no meio de nós.

Já no Antigo Testamento, quando Deus clama ao Seu povo sobre o jejum que lhe agrada, Deus assegura realizar Suas promessas.

"Tuas feridas não tardarão a cicatrizar-se; tua justiça caminhará diante de ti, e a glória do Senhor seguirá a tua retaguarda. Então às tuas invocações o Senhor responderá a teus gritos dirá: Eis-me aqui." (Is 58,8-9).

Estando nós em Deus, manifestando-se pelo nosso jeito de viver, pelo modo de ser, somos socorridos por Deus antes de nossas necessidades.

Quem se alegra n'Ele, não perde o riso, não machuca o coração. Não perde a paz, não vai embora sem sentir saudades. Pois Deus é quem o faz feliz, feliz de verdade.

Quem se alegra em Deus foi numa festa e não quis sair de lá. Não quis saber de outro lugar. Pois Ele é quem o faz feliz e sentir-se em paz.

Assim canta o poeta de Deus que tem seu coração em festa, na festa do Coração d'Ele.

Cura interior, libertação, só pode acontecer em cada um de nós quando, convidados e convencidos, aceitamos fazer parte da vida de Cristo Jesus a nós oferecida.

— *Isto é Evangelização.*

O mal e o sofrimento existem. O mal tem duas formas de vida: "O sofrimento e o pecado". Deus não quer nem um nem outro na vida de Seus filhos, mas eles existem, de maneira cruel, para aqueles que se desviam da convivência com Ele.

O sofrimento e o mal fazem parte deste mundo marcado pela dor, por causa da transgressão, por causa do pecado.

Nossas penas podem vir de nós mesmos, dos outros ou do mundo; jamais de Deus.

Devemos nos proteger do sofrimento inútil e não ser cúmplices da destruição de nós mesmos.

Cristo não deu explicação ao mal; não nos ensinou a este porquê. Contudo, mostrou-nos como viver o sofrimento. Ensinou-nos como a dor se torna uma etapa de maturidade, se assumida na graça e na presença de Deus, conduzindo-nos, assim, à nossa Páscoa.

Jesus nos convida a viver de Deus, a receber o Espírito. Ensina-nos ainda que: mesmo vivendo no Espírito, não podemos, nem sequer imaginar, que iremos escapar à condição humana.

É preciso viver o infinito dentro do finito, permitindo ao Espírito habitar e comandar nossa carne. Esse é o verdadeiro sentido da encarnação: "E O VERBO SE FEZ CARNE".

E o Verbo se faz novamente carne em cada um que o permite.

Vivamos a gratidão em lugar das murmurações e das queixas. Penetremos na felicidade do ser e do existir.

A evangelização é a única maneira de viver como o grão de trigo, que cai na terra e aceita perder o seu invólucro. Trata-se de um modo de morrer para si mesmo, para que a semente traga frutos de vida.

Enquanto não sairmos das falsas noções de Deus, nunca encontraremos o significado do nosso existir e muito menos do nosso viver.

"Conhecereis a verdade, diz Jesus, e a verdade vos libertará." (Jo 8,32).

Conhecer a verdade implica na nossa disposição em travar, dentro de nós mesmos, uma luta, um combate espiritual para vencer a MENTIRA que encontramos em nós fazendo estragos irreparáveis.

A imagem de Deus está inscrita no fundo de cada ser humano. A semelhança com Deus é adquirida.

Fundamentos da Fé

O fim e o sentido da vida do ser humano é crescer em sua condição de filhos e filhas de Deus, cada um em sua maneira específica e única.

— *Como abrir a porta?*

Abrir-se significa destrancar o que foi trancado, retirar a pedra que bloqueia a entrada. Se escutarmos o pedido, já estamos recebendo a graça. É através do próprio pedido de Jesus que Cristo nos assegura que podemos contar com Ele e alegrarmos, pois, vamos conseguir.

Na realidade o Espírito já está em nós. É no nosso interior que Ele está batendo.

Tomemos consciência de que o Espírito está a nossa espera.

A fé que Deus tem em você vai se tornando a sua fé, ou seja, a sua colaboração vai se tornando vida nova em Deus e por Ele num caminhar passo a passo, dia a dia.

E quando menos você espera, eis que aquele mal que o mortificava com seus problemas, uma luz entra nele e tudo fica diferente: pode senti-lo, mas não experimenta mais irritação nem tristeza, pelo contrário, sente a paz de ser superior ao mal que o torturava.

> Sinta a condição do perdoar, ou seja, louvar a Deus pela graça acontecida e pedir a Ele a mesma graça àquele que lhe ofendeu e a todos que necessitam do mesmo que você. Torna-se, assim, um "evangelizador" pela experiência de Deus em sua vida.

A obediência é, em primeiro lugar, a escuta: colocar-se à disposição, para escutar.

A obediência é a liberdade mais profunda, é a realidade essencial.

Obedecer é uma escolha, uma maneira nossa de liberdade: "Obedecemos porque escolhemos obedecer".

A escolha é sempre parte do desejo. É por amor que escolhemos aceitar as leis de Deus. É uma forma de vida nossa relacionar-se com Ele. Não se trata apenas de obedecer, trata-se de uma maneira de ser (*Jo* 15,14).

Cristo é o caminho, por Ele é que nos será possível entrar nessa obediência fundamental.

Cristo viveu essa maneira de ser e de viver na alegria, pela obediência ao Pai.

"Deus quer salvar os homens através da obediência dos homens."
"Orai uns pelos outros e sereis curados."

A oração é uma atitude de obediência a Deus, nosso Pai.

Orar, então, não pode ser do jeito que eu quero, mas sim, como Deus me ensina.

Maria, obediente a Deus, assim orou: *"Faça-se em mim, conforme a tua palavra, a tua vontade"*.

Quando for orar por alguém, seja qual for o tipo de oração, lembre-se: Orar não é pedir a Deus por algo, muito menos pedir por uma pessoa.

A oração deverá ser exclusivamente de entrega dessa pessoa a Deus. Ele, mais que qualquer um, está muitíssimo mais interessado em poder realizar a Sua obra na vida da pessoa orada.

Saber isso é fundamental para querermos orar na vontade d'Ele.

É Deus que vai usar você para comunicar àquela pessoa a graça de que Ele, Deus Pai, é quem quer seduzi-la e prepará-la para aquela graças e outras maiores já reservada a ela.

Lembre-se de que o amor que sentimos pela pessoa pela qual oramos é quase nada diante do infinito amor de Deus por ela.

É muito importante que você tome consciência da importância sua e de seu comportamento, fundamentado no conhecimento do que Deus espera de você como instrumento d'Ele.

O Deus, o Espírito Santo, que está em você submeterá o seu racional a fim de que seja Ele a conduzir, por você, sua oração, ensinamentos divinos, como o querer d'Ele para a pessoa.

Tais ensinamentos de Deus, proclamado por você, encontrarão grande receptividade no coração dela, pois Ele, o Espírito Santo, estando nela também ajuda-a a acolher como verdade de salvação.

Toda oração é iniciativa de Deus, que espera de nós uma colaboração no sentido de uma entrega a Ele, a fim de sermos ungidos (Deus toma posse de suas coisas) e assim preparados.

Fundamentos da Fé

A verdadeira oração, portanto, é aquela que permitimos ser conduzida por Deus.

Deus em você, orante, e Deus nela, a pessoa orada para realizar salvação e cura, ao mesmo tempo evangelizando, iniciando assim, uma caminhada de adesão a Cristo e a Sua Igreja para uma evangelização mais profunda.

— Todo cuidado é pouco!

Não será, ou não deverá ser, pelo orante, que a pessoa orada vai ser avisada que Jesus está tocando-a, curando-a, libertando-a, salvando-a.

Jesus quer se declarar, comunicar-se diretamente com ela e não através do orante.

Portanto, nunca diga: Jesus está lhe tocando aqui ou ali, ou algo mais.

Tal comportamento, até bem intencionado, provocará interpretação de incompetência espiritual nela.

Você sentiu em seu coração e ela não. Ela achará que sua fé é muito pequena e incapaz de sentir a graça do toque de Jesus.

É comum ver pessoas que oram por outros e depois, na certeza de que estão ajudando, começam a enumerar uma quantidade enorme de visões e sentimentos revelados por Jesus.

A pessoa, não bastasse seus problemas, agora humilhada pela fé do orante, vai perdendo sua disposição de se evangelizar, ou seja, de desejar um grande encontro com Jesus.

— Como devemos orar por alguém?

Existe uma maneira de entregar a pessoa a Jesus, para que Ele faça a sua experiência pessoal com Jesus. Qual? Através da *Invocação a Santíssima Trindade – Oração do "Vinde Espírito Santo".*

A palavra que mais toca a nossa atenção é o nome da gente.

Pronuncie sempre o nome da pessoa (como exemplo, usarei o nome *Júlia*), pois a cada vez pronunciado aguça-lhe a atenção àquilo que se fala.

Transfira para ela a convicção que você tem, de que Deus a chama pelo nome: Júlia.

Valorize o momento preparado por Deus Pai para atendê-la de maneira muito especial. Ajude a pessoa entregar-se a Deus, condição fundamental para iniciar uma relação amorosa entre Deus Pai e Sua filha Júlia.

Diga que você vai, por ela, contar para Deus Pai a situação difícil em que se encontra no momento. Proporcione a ela também incluir, com sua voz, sua situação de pobreza e pequenez diante da situação.

Peça a ela que acompanhe sua oração de entrega:

> "Pai do Céu, Nosso Pai, Pai de amor, Pai de bondade, Jesus nosso Senhor e Salvador.
> Entrego-Te agora esta Tua filha, Júlia, para que teu olhar misericordioso conquiste o coração da Júlia.
> A Júlia precisa Te conhecer, ó Pai, conhecer o Teu grande e infinito amor por ela.
> A Júlia precisa sentir na plenitude do seu ser o quanto ela é amada por Ti, ó Pai.
> Pai, que a Júlia descubra a grandeza que ela é no Teu Coração, ó Pai de misericórdia.
> Que a Júlia, Pai, possa experimentar em Ti a Tua alegria, a Tua paz, a Tua coragem, a Tua força a fim de poder enfrentar tal situação como uma filha de Deus que é.
> Que a Júlia, Pai, saiba saborear a maravilha que é viver a Tua vontade.
> Pai, que a Júlia experimente esse Teu amor em sua vida para que ela venha a "encontrar a sua própria grandeza."
> Pai, eu necessito presenciar a vida da Júlia transformada, por isso é que estou confiante nesta oração de entrega.
> Este Teu povo crescerá na fé presenciando a vida da Júlia sendo transformado pela Tua vida nela, Pai.
> Ó Pai, sabemos que o Teu querer em salvá-la é tudo o que mais queres.
> Tudo o que Te pedimos para a Júlia, Pai, é quase nada diante do que Tu tens reservado para esta Tua filha Júlia.
> É nesta fé que temos em Ti, ó Pai, que clamamos: "Faça da Júlia e na Júlia conforme a Tua vontade. Obrigado Pai, muito obrigado, Pai querido, por esta oração que fomos capazes de fazê-la."

Após este momento, converse com a pessoa, expondo a ela que também você vive, da dependência e da presença de Deus em sua vida. Convide a pessoa a empreender uma bela caminhada de maior intimidade com Deus que é Pai, com

Jesus, Senhor e Salvador, e com o Espírito Santo que realizará nela a vontade do Deus Nosso Pai e de Jesus Cristo nosso Senhor.

Convença-a que é Deus escutando o clamar dela e com certeza, está dizendo:

> "Eis me aqui, Júlia."
> "Eu vou caminhar com você, Júlia, vou ajudá-la a superar sua situação."
> "Eu lhe ajudarei a perseverar no Meu amor. Eu só espero poder contar sempre com você, Júlia."

Deus seja louvado e todos nós abençoados.

> *"Nas vossas orações, não multipliqueis as palavras, como fazem os pagãos que julgam que serão ouvidos à custa de palavras."* Não os imiteis, *"porque vosso Pai sabe o que vos é necessário, antes que vós lho peçais."* (Lc 8,7-8).

Eis como deveis orar:

> *"Pai nosso que estais no céu, santificado seja o vosso nome; venha a nós o vosso reino; seja feita a vossa vontade, assim na terra como no céu. O pão nosso de cada dia nos daí hoje; perdoai-nos as nossas ofensas, assim como nós perdoamos aos que nos ofenderam; e não nos deixeis cair em tentação, mas livrai-nos do Mal."* (Lc 8,9-13).

Sua oração deve ser objetiva aos fundamentos conhecidos: Ajudar a Júlia a se entregar a Jesus com tal esperança que se transformará em fé.

Frutos do Espírito Santo

Discernimento do Espírito

É importante saber qual é o espírito que está nos induzindo às nossas decisões.

Pressentimos, assim, que será necessária uma grande fé na ação do Espírito Santo, que nos foi enviado por Jesus *"para ficar sempre conosco, e nos ensinar todas as coisas"* (*Jo* 14,16).

Supõe, também, que quem o pratica queira de verdade seguir o projeto divino e por isso quer discernir para prosseguir onde está ou mudar.

Não é possível o discernimento sem a "oração". É o próprio Cristo que nos testemunha, por exemplo:

- Antes de sair para a vida pública, Jesus vai, guiado pelo Espírito, ao deserto para refletir e conhecer o plano do Pai. (*Mc* 14,32-36; *Mt* 26,36-39; *Lc* 22,42-44)
- Antes da escolha dos Apóstolos, ora para escolher aqueles que o Pai quer. (*Mc* 1,12-13; *Mt* 4,1-11; *Lc* 4,1-13)
- Na véspera de Sua paixão, Jesus se retira para o horto de Getsêmani para, em três horas de profunda oração, suplicar ao Pai que Lhe manifeste claramente se é decisão Sua que beba o cálice amargo da paixão e morte de cruz.
- No deserto, foi conduzido pelo Espírito para ser tentado pelo diabo.
- No momento crucial de Sua vida, o Espírito lhe diz que é o caminho do calvário e da cruz que o Pai deseja.

Discernimento de espíritos será sempre um combate espiritual. O conhecimento e a prática de tais discernimentos, revelados pelos chamados à santidade como Santo Inácio, São João da Cruz, Santo Agostinho, São Bento, Santa Tereza d'Ávila, Santa Teresinha do Menino Jesus e outros, foram por eles encontrados na vida dos Apóstolos, principalmente na de Paulo.

Combate espiritual significa lutar no Espírito, ou seja, deixar-se guiar pelo Espírito Santo. Lutar pela vida. Combater as tendências para a morte em cada coração em vida.

> Não poderá existir vitória espiritual nem existencial sem o combate no Espírito.

Não seremos candidatos ao dom da fé sem a disposição de combater no Espírito.

Somos chamados pelo Espírito a lutar do mesmo modo que Jesus lutou: contra o pecado, a favor da vida em plenitude. As propostas do demônio não vão mais nos desviar da vida da graça. Nada ofuscará a nossa responsabilidade pessoal para com Jesus e a Igreja. Sabemos que o inimigo existe, mas não acreditamos nele.

Acreditamos no poder de Deus e na força do Seu amor por nós.

"*Sede sóbrio, vigiai! Vosso adversário...*" (1Pd 5,8-9).

A conversão se consolida de maneira mais efetiva quando sustentada pelo discernimento de espíritos. (*1Jo* 4,20; *2Pd* 1,16; *Tg* 2,14-16).

— Tomemos conhecimento das brechas que necessitamos de maior vigilância.

Cobiça: É a idolatria das coisas. É fazer do dinheiro um deus, o apego às coisas da terra, não sou o senhor das coisas, mas escravo do ter coisas. Sou alertado pelo Espírito Santo para entrar em luta contra esta minha fraqueza e conquistar maturidade e desapego.

Vaidade: Desordem tão grande no querer ser reconhecido, mesmo sem ser, no querer ser amado e admirado no pouco que é, mantém seu pensamento somente em si mesmo, quer o outro apenas para usá-lo em seu benefício. O Espírito Santo me revela todo malefício de ser assim, tanto para mim como para os outros. Percebo um retorno totalmente diferente daquilo que esperava: ninguém me reconhece, pelo contrário, sou ridicularizado e desprezado.

Orgulho: Ser um verdadeiro deus, "Eu Sou" e me basto, idolatra a si mesmo. Terrível brecha. É pelo orgulho que se tem toda origem dos pecados. É pelo orgulho que nos separamos de Deus procurando nossa independência. Vivemos crentes que estamos abafando.

No discernimento de espíritos, o Espírito Santo nos faz ver e reconhecer tão grande mal, para nós e para a comunidade; percebemos o Espírito Santo agindo como se fosse um exercício para crescer na humildade e vencer a brecha do orgulho (*1Pd* 5,6).

Essas três principais brechas estão sempre ao nosso redor, sempre querendo entrar e realizar em nós uma "incapacidade" de desejar e muito menos aproveitar das graças que já são nossas.

> O discernimento de espíritos é uma arma poderosa para o combate espiritual. Não existe quem não tenha essas três brechas: a cobiça, a vaidade e o orgulho. Essas brechas fazem parte do nosso ser, em doses maiores ou menores, mas existem em nós.

O discernimento de espíritos nos faz reconhecer e aceitar, alegremente, tais brechas que comprometem nosso comportamento cristão. Sendo o Espírito Santo que nos revela tais enganos, será também Ele quem nos oferecerá as armas poderosas oferecidas por Deus para tornarmo-nos capazes de enfrentar o inimigo como vitoriosos.

— *Jejum, Oração e Caridade.*

O *jejum* se refere a uma disciplina ligada à alimentação Existem ocasiões em que o jejum faz parte das obrigações do cristão: Quarta-feira de Cinzas, Sexta-feira Santa. Nestas datas faz-se abstinência de carne – abstinência do falar demais, da televisão, e outras mais que vêm em nosso auxílio a uma disciplina de vida pessoal.

> "Cuidado para não cair na vaidade do jejum."

Orar é exercitar-se na disciplina do relacionamento com Deus. Jesus destaca o valor pessoal da *oração*. Sem a oração, dificilmente ficaremos em pé para lutar. A oração mantém Jesus vivo em nós refazendo nossas forças e nossas esperanças.

Jesus muitas vezes sobe ao monte para orar e encontrar-se a sós com o Pai.

Orar é abrir o coração sem percebê-lo. O Espírito Santo me revela o que de errado há em mim. Eu reconheço. Confesso a Deus minha incapacidade para me livrar do que é errado e peço a graça de ser capaz de eliminar da minha vida o erro revelado pelo Espírito.

A *caridade* é um exercício de relacionamento com o outro. O amar é querer o "bem maior" para o outro. A caridade é levar Deus ao coração do outro através de atos concretos, ajuda espiritual e material.

A caridade nos leva a ter um amor orante, interceder, rezar pelas pessoas. A caridade nos faz ter um amor afetivo: presença amiga, acolhimento, carinho. A caridade nos faz ter um amor efetivo: gesto concreto, partilha, solidariedade social.

> Resumo:
> JEJUM: Disciplinar o relacionamento consigo mesmo.
> ORAÇÃO: Disciplinar o relacionamento com Deus.
> CARIDADE: Disciplinar o relacionamento com o próximo.

Discernimento de espíritos é, portanto, um reconhecimento de quem sou junto com a graça de querer ser como Deus quer que eu seja, pelo Seu Espírito.

Combate espiritual através dos ensinamentos de Santo Inácio de Loyola

Santo Inácio percebeu a diferença que ficava em seu estado de vida, quando seus pensamentos giravam em torno dos assuntos do mundo e com os pensamentos em torno dos divinos. Refletiu e constatou, por experiência, que de uns pensamentos ficava triste e de outros, alegre.

Toda a sua experiência de Deus deu origem a um retiro de trinta dias chamado: "*Exercícios Espirituais*".

Tal verdade nós podemos constatar em nossas vidas. Quando pensamos em Deus. Quando louvamos pelo que temos e somos. Quando nos sentimos úteis para ajudar o irmão nas suas dificuldades vivenciais, espirituais e materiais, na certeza de que é a presença de Deus nos iluminando, então, tudo é tão diferente, uma paz que sabemos que é paz; não é uma alegria, é muito mais que alegria. Um otimismo natural, uma satisfação repleta, um prazer em se relacionar, um sentir-se ungido por Deus para o próximo.

Quando não estamos nos relacionando com Deus, e sim através da carne conforme o mundo, meu Deus, quanta diferença, quanta pobreza, quantos males geramos em nós mesmos...

Santo Inácio percebeu que no coração humano existem movimentos, que ele chamou de "moções". Não são "emoções", ou puros sentimentos. São movimentos espirituais que envolvem todo o nosso ser e nos quais participam tanto o espírito bom quanto o mau espírito.

Existem dois tipos de moções: a "consolação" e a "desolação". É preciso sentir e perceber essas moções e depois discernir a origem de cada uma delas. Algumas vêm do "bom espírito". Outras têm sua origem no "mau espírito".

Santo Inácio chama isto de duas bandeiras: de um lado a de Cristo, do outro lado a de Lúcifer, inimigo mortal de nossa natureza humana.

1ª REGRA PARA DISCERNIMENTO DOS ESPÍRITOS, SEGUNDO SANTO INÁCIO.

> "Às pessoas que vão de pecado mortal em pecado mortal, costuma normalmente o inimigo propor prazeres aparentes, fazendo com que imaginem gozos e deleites sensuais para que se conservem e cresçam em seu vício e pecados. Com tais pessoas o Bom Espírito usa de um método oposto: punge-lhes e remorde-lhes a consciência pelos ditames da razão."

Para quem está indo de mal a pior a regra é: O inimigo age no coração: faz imaginar e sentir prazeres... mas são apenas aparentes. O bom espírito age na razão: provoca recordação pela consciência do lado do bem ou do ser do bem.

2ª REGRA PARA DISCERNIMENTO DOS ESPÍRITOS, SEGUNDO SANTO INÁCIO.

> "Nas pessoas que se vão purificando intensamente dos seus pecados e caminham de bem a melhor no serviço de Deus Nosso Senhor, o bom e o mau espírito operam em sentido inverso ao da regra precedente. Porque neste caso

> é próprio do mau espírito causar tristeza e remorso de consciência, levantar obstáculos e perturbá-las com falsas razões para as detê-las seu progresso. É próprio do bom espírito dar-lhes coragem, forças consolações e lágrimas, inspirações e paz, facilitando-lhes o caminho e desembaraçando-as de todos os obstáculos para fazer avançar na prática do bem."

O inimigo age na razão: provoca remorso. Faz sentir saudades (das cebolas do Egito). Suscita até uma tristeza por estar perseverando na vida de castidade, virtude, fraternidade. É preciso estar atento porque o inimigo nos leva a inventar mil desculpas para retornar ao vício (preciso voltar a fumar, pois estou engordando muito).

O bom espírito age no coração: provoca força, coragem, ânimo para permanecer de pé. São alegrias que permanecem no dia seguinte.

3ª REGRA PARA DISCERNIMENTO DOS ESPÍRITOS, SEGUNDO SANTO INÁCIO.

> "A consolação espiritual. Chamo consolação a um movimento espiritual que se desperta na alma, pelo qual somos inflamados no amor do Criador e Senhor, e em consequência não se pode amar coisa alguma sobre a terra por si mesma, mas só no Criador de todas as coisas. Do mesmo modo, quando se derramam lágrimas que nos movem ao amor de Deus, quer seja pela dor dos seus pecados ou por causa da Paixão de Cristo ou por outras coisas diretamente ordenadas ao serviço e louvor d'Ele. Finalmente, chamo consolação a todo aumento de esperança, fé e caridade e a toda alegria interior que eleva a atrair almas para as coisas celestiais e para a sua salvação, tranquilizando-a e pacificando-a em seu Criador e Senhor."

A consolação é viver um pedacinho do céu na terra. A consolação nos vai atrair para as coisas do alto.

Consolação é paz interior, alegria verdadeira, esperanças pelas coisas do céu, fé confiante, amor sereno, repouso interior. Os frutos do Espírito Santo em nossa vida são formas de consolação: paciência, benevolência, doçura, domínio de si...

4ª REGRA PARA DISCERNIMENTO DOS ESPÍRITOS, SEGUNDO SANTO INÁCIO.

> "A desolação espiritual. Chamo de desolação exatamente o contrário do qual foi exposto na terceira regra: obscuridade da alma, perturbação, incitação a

coisas baixas e terrenas, inquietação proveniente de várias agitações e tentações que levam à falta de fé, de esperança e de amor, achando-se a alma toda preguiçosa, tíbia, triste e como que separada do seu Criador e Senhor. Porque, assim como a consolação se opõe à desolação, assim os pensamentos que uma desperta são contrários aos que nascem da outra."

A desolação nos prende à terra. Temos a sensação de termos sidos abandonados por Deus. Somos entregues às nossas próprias forças. Pode vir junto com alguma doença ou depressão. Alguns chamam esse tempo de "secura espiritual". São João da Cruz fala da "Noite Escura da Alma".

A desolação, então, é a simples ausência de consolação.

> Santo Inácio diz: "Na desolação nem podemos orar, com alguma devoção, nem contemplar e nem sequer falar ou ouvir coisas de Deus Nosso Senhor; e acaba por nos parecer que estamos totalmente afastados do Senhor Nosso."

A desolação é um tempo de contínuas tentações. Até Jesus viveu seus momentos de desolação. Ele sentiu-se desolado, mas não consentiu na tentação.

"Não nos deixeis cair em tentação." (Pai Nosso).

5ª REGRA PARA DISCERNIMENTO DOS ESPÍRITOS, SEGUNDO SANTO INÁCIO.

> "No tempo da desolação não se deve fazer mudança alguma, mas permanecer firme e constante nos propósitos e determinações em que se estava no dia anterior a esta desolação, ou nas resoluções tomadas antes, no tempo da consolação. Porque, assim como na consolação é o 'bom espírito' que nos guia e aconselha mais eficazmente, assim na desolação nos procura conduzir o 'mau espírito', sob cuja inspiração é impossível achar o caminho que nos leve a acertar."

Decisões precipitadas acontecem todos os dias. Santo Inácio nos ensina com sabedoria que na consolação o conselheiro é o "bom espírito". Na desolação é o inimigo que nos aconselha.

6ª REGRA PARA DISCERNIMENTO DOS ESPÍRITOS, SEGUNDO SANTO INÁCIO.

> "Uma vez que na desolação não devemos mudar os primeiros propósitos, muito se aproveita reagir intensamente contra a mesma desolação, por exemplo,

> inspirando mais na oração, na meditação, em examinar-se muito e em aplicar-se algum modo conveniente de fazer penitência."

Se quisermos vencer o combate espiritual precisamos nos exercitar em algum modo de disciplina pessoal de vida. Já vimos que Jesus aconselha como principais exercícios de penitência o jejum, a oração e a caridade.

> A desolação é um tempo muito propício para esses exercícios. É o modo de reagir intensamente contra ela.

Santo Inácio sugere também o "examinar-se muito". Isto supõe um tempo de silêncio e de exame de consciência. Quantas pessoas já se converteram depois que pararam meia hora em alguma igreja e ficaram simplesmente em silêncio deixando o coração meditar.

Se quisermos a vitória espiritual devemos exercitar muito na oração diária.

7ª REGRA PARA DISCERNIMENTO DOS ESPÍRITOS, SEGUNDO SANTO INÁCIO.

> "O que está em desolação considere como Deus, para prová-lo, deixou-o entregue às suas potências naturais, a fim de resistir aos diversos impulsos e tentações do inimigo."

Porque pode resistir-lhes com o auxílio divino, que nunca lhe falta, embora não o sinta distintamente, por Deus ter-lhe tirado o seu muito fervor, o grande amor e a graça intensa, restando-lhe contudo a graça suficiente para a salvação eterna.

Existe em nós a "graça suficiente" e a "graça intensa". A graça suficiente é a necessária para a salvação, a graça intensa é a que nos propicia a consolação espiritual.

Às vezes o próprio Deus retira a graça intensa. Faz isso para nos provar. Deseja conhecer nossas verdadeiras motivações: a fidelidade e o amor, ou algum interesse ou paixão. A retirada da graça intensa é o que chamamos de "inverno".

> Lembre-se que nessa estação a força da planta vai para a raiz: por isso é tempo de poda.

Deus permite desolação para fortalecer nossas potências naturais. É preciso distinguir "tentação" de "provação". Deus pode nos provar para nos fazer crescer. O inimigo nos tenta para nos fazer cair.

Em tudo isso é bom lembrar que Deus permanece nos assistindo com a graça suficiente.

8ª REGRA PARA DISCERNIMENTO DOS ESPÍRITOS, SEGUNDO SANTO INÁCIO.

> "O que está em desolação esforce-se por se manter na paciência, virtude oposta às aflições que lhe sobrevêm. E pense que bem depressa será consolado, empregando contra tal desolação as diligências explicadas na sexta regra."

Durante o tempo da desolação é fundamental ter paciência. Perder a paciência é um passo para perder a paz. Para manter a paciência é interessante lembrar que Deus é fiel. Ele cumpre a promessa. Dizer que Deus tarda, mas não falha é uma expressão errada:

> "O tempo de Deus não é o nosso tempo. Deus realiza tudo a Seu tempo, portanto no tempo certo." Ele não nos deixa caído, mas vem de imediato em nosso socorro.

Santo Inácio nos propõe lembrar que Deus é fiel e que rapidamente nos dará a consolação.

Ler: *Rom* 5,3-5; *Eclo* 2,1-6.

9ª REGRA PARA DISCERNIMENTO DOS ESPÍRITOS, SEGUNDO SANTO INÁCIO.

> "Três são as causas principais da desolação. Primeiramente, nossa tibieza, preguiça e negligência, que nos exercícios de piedade afastam de nós, por culpa própria, a consolação espiritual. Em segundo lugar, para mostrar-nos quanto valemos e até que ponto somos capazes de avançar no serviço e louvor de Deus, sem tanta recompensa de consolações e favores especiais. Em terceiro lugar, para nos ensinar e fazer conhecer a verdade, sentindo-a interiormente, que não depende de nós conseguir ou conservar uma grande devoção, ou intenso amor,

> lágrimas, nem qualquer outra consolação espiritual, mas que tudo isso é um dom e uma graça de Deus Nosso Senhor. E também para que não façamos ninho em casa alheia, permitindo que o nosso espírito se exalte com qualquer movimento de orgulho ou vanglória, atribuindo-nos a nós os sentimentos de devoção ou outro efeito da consolação espiritual."

"Fazendo um ninho em casa alheia", está atribuindo a si mesmo a obra que é de Deus. (Fl 2,13).

10ª REGRA PARA DISCERNIMENTO DOS ESPÍRITOS, SEGUNDO SANTO INÁCIO.

> "Quem está em consolação preveja como se há de portar no tempo da desolação, que depois virá, tomando novas forças para esse tempo. Quem está em tempo de 'vacas gordas', lembre-se de guardar mantimentos para o tempo das 'vacas magras'. Não devemos nos iludir. As moções são passageiras. Como diz Santa Tereza d'Ávila: 'Tudo passa, só Deus não muda'."

Isto é muito importante, fundamental: Quem está em estado de consolação, isto é, alegre, disposto, otimista, feliz da vida, saiba que mais cedo ou mais tarde a desolação virá. Não somos capazes de sustentar o estado de consolação. Tal verdade é facilmente constatada no dia a dia de nossas vidas.

Quando percebemos em nós a consolação, devemos orar sem cessar, prolongando o máximo possível tal estado a fim de fortalecermos na luta para sair da desolação que logo virá.

Como é orar sem cessar? É pelo louvor. "Em tudo dai graça". Em tudo louvai a Deus. Dedique todas as suas orações e rezas no fortalecimento do amor que você sente por Ele em estado de consolação. E quando o inevitável chegar, a desolação, lembre-se da beleza que é viver em consolação.

> Lembre-se da bênção que você é para os outros em consolação. Lembre-se de tudo que é lindo a sua vida em consolação. Ore, sem cessar, desejando ardentemente voltar à consolação.

Isso é discernimento dos espíritos.

Fundamentos da Fé

11ª REGRA PARA DISCERNIMENTO DOS ESPÍRITOS, SEGUNDO SANTO INÁCIO.

> "Quem está em consolação procure humilhar-se e abater-se tanto quanto possível, lembrando-se quão pouco é capaz no tempo da desolação, quando privado dessa graça e consolação. Pelo contrário, quem está desolado, lembre-se de que muito pode com a graça que lhe basta para resistir a todos os seus inimigos, procurando forças em seu Criador e Senhor."

É a lei das virtudes contrárias. Na consolação evite a euforia exagerada. Prefira o silêncio, a reserva e a humildade. Mas no tempo da desolação faça exatamente o contrário: lembre-se de que pela graça de Deus você é forte, o suficiente para vencer o inimigo.

A simplicidade desta regra esconde toda uma sabedoria de vida: humildade na vitória, confiança na desolação. Normalmente temos a tentação de fazer exatamente o contrário. No elogio, nos ensoberbecemos.

Na crítica, ou ficamos deprimidos e desanimados, ou nos revoltamos.

12ª REGRA PARA DISCERNIMENTO DOS ESPÍRITOS, SEGUNDO SANTO INÁCIO.

> "O inimigo procede como uma mulher, sendo fraco quando lhe resistimos, e forte no caso contrário. Pois é próprio da mulher, quando disputa com algum homem, perde a coragem e põe-se em fuga, quando este lhe resiste francamente. Pelo contrário, se o homem começa a tremer e a recuar, crescem sem medida a cólera, a vingança e a ferocidade dela. Do mesmo modo é próprio do inimigo enfraquecer-se e perder ânimo, retirando suas tentações, quando a pessoa que se exercita nas coisas espirituais enfrenta sem medo as suas tentações, fazendo o diametralmente oposto Ao invés, se a pessoa que se exercita começa a ter medo e a perder o ânimo ao sofrer tentações, não há animal tão feroz sobre a face da terra como o inimigo da natureza humana, na execução sem cessar de sua perversa intenção com tão grande malícia."

Simplificando a regra: O inimigo age como uma mulher briguenta e mal-humorada que espera seu bom marido com palavras duras. Se o marido se acovarda, acaba levando uma surra. Mas se reage com determinação e sabedoria, ela percebe sua própria fragilidade e muda de atitude.

O inimigo é assim: faz de conta que tem força. Quer nos acreditar que suas ciladas e tentações são mais fortes do que nós. Isso não é verdade. Ele é o pai da mentira. É fraco mas se reveste de forte. Ele só tem força quando nos acovardamos. Se, ao contrário, reagimos com determinação, ele foge envergonhado. (*1Jo* 2,14).

13ª REGRA PARA DISCERNIMENTO DOS ESPÍRITOS, SEGUNDO SANTO INÁCIO.

> "O inimigo também age como um sedutor, ao querer ficar oculto e não ser descoberto. Pois o homem corrupto, quando solicita por palavra para um fim mau a filha de um pai honrado ou a mulher de um bom marido, quer que suas palavras e insinuações fiquem em segredo. Ao contrário muito se descontenta quando a filha revela ao pai ou a mulher ao marido suas palavras sedutoras e intenção depravada, pois facilmente conclui que não poderá levar a termo o empreendimento começado. Da mesma forma, quando o inimigo da natureza humana apresenta suas astúcias e insinuações à alma justa, quer e deseja que sejam recebidas e guardadas em segredo. Mas, quando a pessoa tentada as descobre a seu bom confessor ou a outra pessoa espiritual, que conheça seus enganos e malícias, isso lhe causa grande pesar, porque conclui que não poderá realizar o mal que começara, uma vez que foram descobertos seus enganos evidentes."

O inimigo é o pai da mentira. Não pode resistir à verdade. Foi o próprio Jesus que disse: *"Desde o começo ele se empenhou em fazer morrer o homem; ele não se manteve na verdade porque nele não existe verdade. Quando fala a mentira, ele tira do seu próprio cabedal, porque é mentiroso e pai da mentira"* (*Jo* 8,44).

"*A verdade vos libertará.*"
"*Jesus é o caminho, a verdade e a vida.*" (*Jo* 8,32; 14,6).

Estar ligado a Jesus é uma de nossas principais estratégias de vitória.

O inimigo é também o Príncipe das trevas. Não pode resistir à luz. Jesus disse: *"Eu sou a luz do mundo. Aquele que vem em meu seguimento não andará nas trevas; ele terá a luz que conduz à vida"* (*Jo* 8,12).

Santo Inácio fala da "pessoa espiritual", mas fala também do "bom confessor". Além do diretor espiritual precisamos de um confessor.

A diferença entre direção espiritual e confissão está na linha da diferença entre catequese e liturgia:

Catequese é falar sobre Deus. Liturgia é falar com Deus.

14ª PARA DISCERNIMENTO DOS ESPÍRITOS, SEGUNDO SANTO INÁCIO.

> "O inimigo procede também como um caudilho, para vencer ou roubar o que deseja. Pois assim como um capitão ou comandante de uma tropa, acompanhando e examinando as forças ou disposição de um castelo, ataca-o pelo lado mais fraco, da mesma maneira, o inimigo da natureza humana, rondando as volta de nós, observa de todos os lados nossas virtudes teológicas, cardeais e morais. Onde nos encontra mais fraco e mais necessitados quanto à nossa salvação, por ali nos combate e procura tomar-nos."

Cada um de nós tem seu ponto fraco, seu calcanhar de Aquiles (*2Cor* 12,7-10).

É com nossas fraquezas que devemos tomar muitos cuidados. É preciso ter pleno conhecimento delas, sabendo que será por elas que nos tornamos vulneráveis e vítimas do inimigo.

Quando temos uma vida de oração, ou seja, quando estamos atentos às revelações do "bom espírito" cresce em nós maior capacidade de defesa, crescendo junto uma maior entrega ao Espírito.

Como manter-se em pé nos dias de hoje

—*Constatações corriqueiras que desestruturam o ser humano.*

- Não sabemos o porquê, mas a verdade é que há dias em que levantamos diferente do que gostaríamos. Sentimos tristeza, desânimo e o pior, irritação e sem motivos para saber o porquê.
- Está tudo bem, de repente aquela pessoa com quem convivo, e bem, falou-me alguma coisa que não caiu direito. Pareceu-me ter sentido uma profunda agulhada e pronto, iniciou-se em mim um processo interior de prevenção e de difícil aceitação. Queria entender e aceitar, mas não consegui. Alimentei mais minha inconformação. Deixei transparecer pelo meu comportamento.

- Algo aconteceu que muito me desagradou, não sei como, mas, perdi a cabeça e exagerei na minha brabeza. Gritei, fui grosso demais. Custei me acalmar. Perdi o prazer naquilo que esperava.
- Fui ver o saldo no banco e voltei preocupadíssimo. Perdi a alegria, voltei mudo, calado, irritado, mal com a vida, culpando todo mundo. Tornei-me sem condições de encontrar alegria, pelo contrário, tudo em mim era pessimismo.
- Estava bem 'pra caramba', alegre, disposto, feliz mesmo. Fui pegar o carro para resolver um negócio e, 'danou-se', o carro não funcionou. Ó meu Deus, justo agora, e agora que faço eu. Tinha que acontecer alguma coisa para estragar a minha paz. Perdi meu estado anterior e irritado fui resolver o problema do carro. (Será que vai ficar caro? O dinheiro já está curto, mas o que será que aconteceu?).

Hoje eu sei a importância do discernimento dos espíritos. Conheço quem sou, sou uma pessoa normal, mas eu tenho que ser uma pessoa sobrenatural.

Esta é a luta a ser travada. Eu não quero mais ser como o mundo me ensina o que eu deva ser.

Não vou mais permitir que, por causa do meu jeito natural de ser, que o "mau espírito", me induza para caminhos que transformam situações perfeitamente solucionáveis, em situações permanentes de mal-estar e de previsões terríveis tanto para mim como, muito mais, para o meu próximo.

A graça de poder reagir assim é a valorização que dou para quando vivo em consolação, ou seja, confiante em Deus, entregando-me de coração, ao Seu senhorio. Como o servo de Deus que quero ser, louvo com mais convicção a Ele, principalmente nos momentos em que o inimigo espera me ver caindo de fraqueza pela realidade dos fatos. Faço-me ser assim, pelos retornos fantásticos, pelas experiências vividas, do quanto vale a pena perseverar nessa caminhada de luta, de superação para a honra e glória d'Ele.

— *Como se sustentar.*

Orar sem cessar só é possível pelo louvor. Em tudo dai graças. Louve a Deus em todas as situações, boas, ruins, desde o acordar até o adormecer.

Fundamentos da Fé

No Sacramento da Eucaristia sinta você se entregando a Deus, como você se entrega ao remédio tomando-o com confiança sem saber como é que ele o livrará do seu mal. Você nunca saberá como, mas perceberá tranquilamente a qualidade de sua vida se transformando para uma vida até então inimaginável por você.

Perceberá ser uma pessoa portadora de algo que não sabe explicar, mas sabe, com certeza, que é a presença de Deus em você se relacionando por você com alguém que Ele quer salvar, quer conquistar para Ele.

Quando estou em desolação, sinto-me triste, desanimado, pessimista, não querendo ver ninguém.

Eu sei que isto ia acontecer, já esperava. Que fazer: lembrar-se da beleza e produtividade da vida em "consolação". Desejar ardentemente voltar à ela imediatamente. A oração consciente do que você quer é exatamente o que Jesus também quer.

Você saberá como orar pelo Espírito nessa consciência do que você quer.

— Revesti-vos da armadura de Deus para estardes em condições de enfrentar as manobras do inimigo.

Revestir-se da armadura de Deus significa estar engajado na comunidade, pertencendo a uma paróquia, onde alguém sabe o seu nome e sente a sua falta.

Justiça na *Bíblia* é sinônimo de fidelidade a Deus. Quem está revestido pela couraça da fidelidade está muito mais protegido dos ataques do inimigo.

Tomai, sobretudo, o escudo da fé. Ele lhe permitirá apagar todos os projéteis inflamados do maligno.

A fé é nosso escudo. Fé significa aceitar a verdade, a Pessoa de Cristo; praticar o discernimento dos espíritos, orando nesse sentido, de ter a graça do conhecimento e alegria em exercitá-lo.

Recebei, enfim o capacete da salvação e a espada do Espírito, isto é, a Palavra de Deus.

O capacete protege a cabeça do soldado. No combate espiritual não é diferente O capacete da salvação protege nossa mente, nossa memória, nossa inteligência, nossa razão. Temos que estar protegidos para que o inimigo não consiga colocar em nossas mentes ideias contrárias à vontade de Deus.

Nossa mente protegida pelo "capacete da salvação" será a nossa melhor aliada. É quando a mente aceita as propostas de Deus que o "bom espírito" realiza, pelo corpo submisso à mente, a vida divina concreta (corpo, alma e espírito realizando uma só vida).

No combate espiritual Deus nos dá a Sua "Espada": a "Palavra de Deus".

Não lutamos com armas humanas, Deus nos confia a "Espada" d'Ele.

> Discernimento dos espíritos experimentado passará a ser um estado de vida. Seus resultados são animadores pela resposta quase que imediata.

Concluindo

Na medida em que for crescendo em você a sua intimidade com Deus que é Pai, ou seja, a intimidade d'Ele em você acontecendo, Ele se doa a você para fazer acontecer por você e em você aquilo que Ele quer comunicar. Assim, tanto os dons de santificação como os de serviço, chamados de carismáticos, é Deus se servindo de você para a orientação do presente e do futuro aos escolhidos do qual você faz parte. "Deus se doa para usar de você."

No dom do discernimento do Espírito é diferente: "Deus se doa a você para você usar d'Ele".

Vejamos: "Vou rezar o terço" (Moção do Espírito Santo de Luz conduzindo a minha vida). Rezando lembro-me de que tenho que ir ao banco. Ao lembrar-me disso me vem: "Hoje o banco está lotado; ah! meu Deus, mas eu tenho que ir ao banco justo hoje... (Eu que estava em estado de consolação, de paz, intimidade com Deus passo, agora, a ter minha vida conduzida pelo espírito das trevas, estado de preocupação, mesmo rezando o terço).

Vejamos: ter que ir ao banco no dia de hoje é terrível mesmo, mas deixar-se sair da consolação e entrar na desolação, por causa disso, é a obra do inimigo permitida por mim. (Isso era tudo que o inimigo queria: tirar-me da condução do Espírito Santo). Por que não fui ao banco ontem? Esqueci-me.

Ao toque do Espírito de Deus, percebemos a intromissão do maligno, "discernimento dos espíritos, e encontramos, assim, inspiração e sabedoria do "como orar" não permitindo que seja eu retirado daquilo que era o meu propósito: "Tratar com Deus da minha vida".

Transformo, assim, a reza do terço que estava fazendo em "oração do terço".
"Vou largar de fumar." (Deus conduzindo minha vida).
"Vou fumar o último cigarro." (Agora não é mais Deus, e sim, o inimigo me dando ordens).

Discernimento dos espíritos: descobri qual o espírito me dizendo o que fazer. O espírito das trevas.

Não quero ser obediente ao espírito das trevas, quero fazer a vontade de Deus que é o melhor para mim. (Conclusão convicta pela ação do Espírito Santo e em seguida, automaticamente, flui a oração de pedido de socorro a Deus que é meu Pai).

"Alguém me ofende": O espírito das trevas vai me levar a criar em mim o sentimento de mágoa, rancor, raiva, podendo chegar até ao ódio. Encontro todas as razões, todo o direito de me sentir assim.

Discernimento dos espíritos: descobri a quem estou entregando a minha vida, a quem estou permitindo fazer em mim a sua vontade: O nojento do dragão. É esse o prazer do dragão.

Pela graça de Deus, Ele se doa, sei. Com muito amor, devo pedir a Deus as mesmas graças divinas pelas quais estou livre de sofrer, que seja aquele que me ofendeu salvo e libertado do espírito do dragão.

Quem está tendo sua vida conduzida pelo Espírito de Deus, nunca se sente ofendido, pois compreende a situação do outro sendo vítima daquele que é contra o querer de Deus Amor.

Perdoar não é decisão, é estado divino de vida. Compreende, não se ofende.

"Orai sem cessar" é o mandamento de Jesus para estarmos saindo sempre do comando do antiCristo.

"Orai sem cessar" é estar constantemente atento ao discernimento dos espíritos.

EXPERIMENTE AGORA E SEMPRE. Vá agora mesmo ler: *Rm* 7,18-25.

EUCARISTIA

Santa Missa, a Celebração Eucarística

Eucaristia na história da salvação.
"Cristo, Nossa Páscoa, foi imolado."

Dentro da história do homem se desenvolvem a história de Deus, as Suas maravilhas.

"As maravilhosas e benévolas intervenções de Deus."

A vinda de Cristo, pela Sua encarnação, faz com que a história do homem dê um grandioso salto de qualidade.

Tudo o que Cristo viveu e fez, inclusive no silêncio de sua vida oculta em Nazaré, faz parte da História da nossa Salvação.

A história da salvação continua depois d'Ele, e agora somos nós que fazemos parte dela. A vida de cada um de nós, do batismo até a morte, será a história da nossa salvação.

Portanto, nós vivemos, podemos dizer, a plenitude dos tempos inaugurada pela encarnação.

A nossa salvação está garantida, embora situada entre um "Já" e um "Ainda não".

— *Em que lugar ocupa a Eucaristia na história da salvação.*

Toda história da salvação está presente na Eucaristia, e a Eucaristia está presente em toda a história da salvação.

A Eucaristia, no Antigo Testamento aparece como "figura", no Novo Testamento ela é "acontecimento" e na Igreja ela está presente como "sacramento".

A "figura" antecipa e prepara o acontecimento.

O sacramento prolonga e atualiza o acontecimento.

É o que a Igreja, na sua santidade e autoridade, proclama como verdade.

— *As figuras da Eucaristia.*

No Antigo Testamento era uma preparação da Ceia do Senhor (*Lc* 16,1s). Outra figura foi o Maná.

(*Ex* 16,4ss; *Jo* 6,31ss). Outra figura foi o sacrifício de Melquisedec, que ofereceu pão e vinho (*Gn* 14,18; *Sl* 110,4; *Hb* 7,1ss). A outra foi o sacrifício de Isaac.

Dessas figuras da Eucaristia, uma é mais do que figura, seria como um ensaio dela: a Páscoa.

É da Páscoa que a Eucaristia toma a fisionomia de banquete ou ceia pascal.

É em referência à Páscoa que Cristo é chamado "O Cordeiro de Deus".

Desde a saída do Egito, Deus já nos preparava para nos dar o "Verdadeiro Cordeiro".

"Vendo o sangue, disse o Senhor, passarei adiante." (*Ez* 12,13).

A Igreja responde: "Deus viu o Sangue de Cristo, viu a Eucaristia".

São Tomás de Aquino chama os ritos do Antigo Testamento de "Sacramentos da Antiga Lei" por causa da eficácia que tinha como figura da Eucaristia.

No tempo de Jesus para celebrar a Páscoa, o cordeiro era imolado no Templo de Jerusalém e se fazia a consumação da vítima na ceia pascal nas casas de cada família. O pai de família, revestido da dignidade sacerdotal, presidia e explicava aos filhos o significado dos ritos. Ela era chamada de "Memorial", não só para lembrar a saída do Egito, como também a recordação de todas as outras intervenções de Deus na história de Israel.

Na liturgia da noite de Páscoa, os hebreus do tempo de Jesus diziam: "Em todas as gerações, cada um deve considerar-se a si mesmo presente, como se estivesse, em pessoa, saindo do Egito naquela noite".

A Páscoa era também o memorial e o aniversário das quatro noites mais importantes: a Noite da Criação; a Noite do Sacrifício de Isaac; a Noite da Saída do Egito e a Noite, ainda futura, da Vinda do Messias. A Páscoa hebraica era, portanto, um memorial (cf. *Ex* 12,14), e também uma expectativa.

Em sua vinda, o Messias esperado, Jesus, não foi reconhecido e O mataram precisamente durante uma festa de Páscoa.

Como se diz, 'sem querer querendo', ao crucificar Jesus os judeus realizaram a figura e cumpriram o que se esperava, conforme anunciado pelos profetas há séculos. "Imolaram o cordeiro de Deus".

Enquanto, naqueles dias, Jerusalém fervilhava de gente para a Páscoa, numa "sala alta" da cidade estava acontecendo algo, profetizado, que por muitos séculos esperavam:

> "Cristo, tomando o pão em suas mãos, partiu-o e deu aos seus discípulos, dizendo: 'Isto é o Meu Corpo que é dado por vocês. Façam isso para celebrar a minha memória'." (Lc 22,19).

Desse momento em diante a Páscoa passou a ser um Memorial de uma outra imolação e de uma outra passagem. Jesus, Nosso Senhor, comeu a pequena Páscoa e tornou-se Ele mesmo a grande Páscoa.

Ao instituir a Eucaristia, Jesus anuncia e antecipa sacramentalmente o que vai acontecer pouco depois da Sua morte e ressurreição.

A pregação de Jesus foi o anunciar da chegada do Reino junto com o convite à conversão.

— *A Trindade toda está inserida na Instituição da Eucaristia.*

> Há o Filho que se oferece. Há o Pai ao qual se oferece. Há o Espírito Santo no qual se oferece.

"Nós sabemos e cremos com firmíssima certeza que Cristo morreu uma só vez por nós". Ele, o justo, e nós os pecadores; Ele, o Senhor, e nós os servos. Sabemos perfeitamente que isto aconteceu uma só vez. Entretanto, "o sacramento o renova" periodicamente como se devesse repetir-se mais vezes o que a história diz ter acontecido apenas uma vez.

Contudo, acontecimento e sacramento não estão em contradição, como se o sacramento fosse ficção e só o acontecimento fosse verdade.

De fato o que a história afirma ter acontecido, na realidade, apenas uma vez, o Sacramento renova muitas vezes pela celebração no coração dos fiéis.

A história mostra o que aconteceu uma só vez, e como aconteceu. A liturgia faz com que o passado não seja esquecido, não no sentido de fazer acontecer de novo, mas no sentido de celebrá-lo." (cf. Santo Agostinho).

A Missa "renova" o acontecimento da cruz "celebrando" e o "celebra renovando", não somente recordando, afirma Santo Agostinho.

Hoje a palavra em uso para maior consenso ecumênico é "representar" que deve ser entendida no sentido forte de "REAPRESENTAR", isto é, "FAZER NOVAMENTE PRESENTE".

Segundo a História houve uma Eucaristia, a que Jesus realizou com Sua vida e com Sua morte. Segundo a liturgia, ao contrário, graças ao sacramento instituído por Jesus na última ceia, há tantas Eucaristias quantas são e quantas forem as celebrações que se fizerem da Eucaristia, até o fim dos tempos.

"O acontecimento realizou-se uma só vez, mas o sacramento realiza-se toda vez."

Se alguém perguntar: como pode ser isso? A resposta é simples e única: O Espírito Santo.

"Graças ao Espírito Santo, Jesus nos alcançou uma salvação eterna."
"Eterno: o que está destinado a não ter fim."

Os sacramentos da Igreja são – de modo especial, a Eucaristia –, possíveis por causa do Espírito de Jesus que está na vida da Igreja.

Este é o fundamento teológico do qual brota a importância da epiclese[1]: "A invocação do Espírito Santo na Missa, no momento da consagração das oferendas".

O Batismo faz a Igreja crescer quantitativamente, a Eucaristia a faz crescer em intensidade, qualitativamente, porque a transforma sempre mais em profundidade à semelhança de Cristo (o fermento).

---

[1] Parte do Cânon da Missa grega, que corresponde à invocação da quarta oração do Cânon da liturgia romana. F. gr. *Epiklesis* (nome acrescentado, sobrenome).

Fundamentos da Fé

A Igreja, na Eucaristia é oferente e oferta ao mesmo tempo. Cada um de seus membros, ali presentes, é simultaneamente sacerdote e vítima como parte do Corpo Místico de Cristo.

Há na Missa duas invocações ao Espírito Santo:

A primeira diz: "Nós Lhe pedimos humildemente, envia Seu Espírito para santificar os dons que Lhe oferecemos para que se tornem o Corpo e o Sangue de Cristo".

A segunda diz (depois da consagração): "Concedei-nos a plenitude do Espírito Santo para que nos tornemos em Cristo um só corpo e um só espírito".

Que o Espírito faça de nós, ali presente, um sacrifício perene para Seu agrado.

> "A Eucaristia faz a Igreja fazendo dela uma Eucaristia."
> "Tomai e comei, isto é meu Corpo. Tomai e bebei, isto é meu Sangue." (1Cor 11,24).

Na linguagem bíblica, especialmente na de Cristo e de Paulo, a palavra "Corpo" indica o homem todo, vivendo a sua vida num corpo e em condições corpórea e mortal.

- CORPO significa toda a Sua vida. Ao instituir a Eucaristia, Jesus, deixou-nos o dom de toda a Sua vida vivida através de Seu Corpo. Desde a Sua encarnação até o último momento: o silêncio pelo Seu Corpo, os suores, a fadiga, as orações, as lutas, as humilhações, etc. das quais participou com Seu Corpo.
- SANGUE: Cristo disse a palavra "Sangue" para referir-se à Sua morte. Além de nos ter dado a vida, quis dar-nos também o que há de mais precioso nela: "A SUA MORTE".

Sangue na *Bíblia* indica não apenas uma parte do corpo, mas sim um acontecimento, a MORTE. No momento do Ofertório na Missa, oferecemos com Cristo também o nosso corpo e nosso sangue. Oferecemos o que Cristo ofereceu: "A nossa vida e a nossa morte".

Com a palavra "corpo" damos tudo o que concretamente constitui a vida corporal: tempo, saúde, energias, capacidades, aptidões, afeições, etc.

Com a palavra "sangue" expressamos a oferta de "nossa morte", não necessariamente a morte física, definitiva. Mas, a morte do meu querer, do meu "eu" para poder ser de Deus, do querer ser para mim para poder ser para o irmão, morrer em mim tudo o que quer me afastar de Deus: humilhações, doenças, limitações, falta da saúde, enfim, tudo aquilo que me mortifica.

Eu morri, nada me detém. Posso dizer: "Vem Senhor Jesus."

Tenhamos a vontade sincera de realizar tudo o que dissemos no nosso celebrar com Jesus a Santa Eucaristia. Temos que ir até onde podemos, no oferecer ao nosso irmão o "nosso corpo", isto é, nosso tempo, nossas energias e atenções.

Numa palavra: a vida. Sem isso tudo cai no vazio – e é mentira.

Um grande mestre da espiritualidade dizia: "De manhã, na Missa, eu sou o sacerdote e o Cristo é a vítima. No decorrer do dia, Cristo é o sacerdote e a vítima sou eu".

"Vê, eu me ofereci ao Pai por ti, e te dei por alimento o Meu Corpo e Meu Sangue, para ser todo teu e para que sejas todo Meu, sempre."

Na Santa Ceia, ao instituir a Eucaristia, certamente os Apóstolos não puderam entender, com a razão, tal afirmação de Cristo: Tomai e comei. Isto é o Meu Corpo. Tomai e bebei isto é o Meu Sangue.

Acreditaram e obedeceram por saber, convictamente, quem era Jesus e por toda experiência de vida que fizeram com Jesus.

"A participação no Corpo e Sangue de Cristo faz-nos ser aquilo que comemos." (São Leão Magno).

Consolidou-se no coração dos Apóstolos a necessidade de realizar o que Jesus acabara de ensinar.

Lembraram de que antes Jesus já havia dito: "Quem não comer da Minha Carne e não beber do Meu Sangue não terá a vida".

"FAÇAM ISTO". Ordem de Jesus para os Apóstolos iniciarem a Sua e nossa Igreja.

"PARA CELEBRAR". Festejar a minha presença. A missão que Jesus quer continuar até o fim dos tempos; salvar os que acolheram Seu convite para o Reino e Sua proposta de conversão.

"A MINHA MEMÓRIA". No "EU SOU" de Jesus, está incluído o pequeno "eu" do corpo, que é a Igreja, que somos nós; portanto, oculto também o menor "eu" de meu ser ali presente, celebrante.

EUCARISTIA: "Exultai, ó terra! Alegrai-vos ó anjos de Deus! Tremei, ó demônio! Deus pode reaver o mundo que criou. Seus planos e desejos puderam realizar-se".

Deus se doa a nós para que pela Eucaristia aconteça o nosso poder doar-se a Deus.

"O Espírito Santo é a origem de todo movimento que leva a doação de si mesmo".

"Ele é o dom, ou melhor, o doar-se."

Trindade é a "doação" do Pai ao Filho e do Filho ao Pai.

- *Na história é Deus que se doa a nós, e agora, somos nós que nos doamos a Ele.*

É ao Espírito Santo que a liturgia pede, na Missa, de fazer de nós um sacrifício perfeito e agradável a Deus (Oração Eucarística III).

"Quem come a Minha Carne viverá por mim."

Um filósofo ateu disse: "O homem é aquilo que come". Um ateu, sem saber, descobre a melhor formulação para um mistério cristão. Graças a Eucaristia, o cristão é verdadeiramente aquilo que come!

"A participação no Corpo e Sangue de Cristo faz-nos ser aquilo que comemos." (São Leão Magno).

Os homens descobrem e dizem, porque Cristo disse e o homem constatou, pela experiência na vida.

"Assim como o Pai, que vive me enviou e Eu vivo pelo Pai, também quem de Mim come viverá por mim." (Jo 6,57).

"Por", preposição, indica: um movimento de procedência e um de movimento de destinação.

Significa que quem come o Corpo de Cristo, vive "d'Ele", isto é, por força da vida que provém d'Ele, e vive "para Ele", isto é, para a Sua glória, Seu Amor e Seu Reino.

> "Não serás tu que me farás semelhante a ti, mas serei Eu que farei semelhante a mim." (Santo Agostinho).

O alimento corporal transforma-se em quem o comeu: o peixe, o pão, a verdura, o leite, e qualquer outro alimento transformam-se em sangue do homem.

Quanto ao Pão da Vida, dá-se ao contrário. O Pão da Vida é que move quem se nutre dele; é Ele que o assimila e o transforma em si.

Nós somos movidos por Cristo a viver a vida que está n'Ele. O corpo é comandado pela cabeça, por assim dizer, ora, minha cabeça se tornando a cabeça de Cristo, meu corpo vai realizar sob o comando de Cristo, tudo o que Cristo quer e pode fazer através de mim.

Cristo nos alimenta, não à maneira dos alimentos materiais, mas transmitindo-nos "A vida que é Ele".

Como dizem os santos: a Eucaristia faz o coração da Igreja, que é Cristo. Para Ele corre o Sangue deteriorado de todo o mundo. Nele despejo todos os meus pecados e impurezas para que sejam destruídas, podendo eu, agora, receber sangue novo de Cristo Jesus.

Na Eucaristia nós nos tornamos um só espírito com Jesus e este "um só espírito" é o Espírito Santo.

> *"Quem se une ao Senhor forma com Ele um só espírito."* (1Cor 6,17).

No nascimento de Jesus, é o Espírito Santo que doa ao mundo o Cristo.

"Maria concebeu por obra do Espírito Santo". Na hora de Sua morte é Ele que doa ao mundo o Espírito Santo.

> "Ele morrendo, ENTREGOU O ESPÍRITO."

Na Eucaristia, no momento da consagração o Espírito Santo nos doa Jesus, e no momento da comunhão Jesus nos doa o Espírito Santo.

São Tomaz diz: "A Eucaristia é o Sacramento do Amor. Na verdade, o amor é a única realidade que pode fazer com que dois seres vivos e distintos possam unir-se para formar uma só coisa, embora cada qual continue existindo em seu próprio ser." (Tudo o que é meu é teu e tudo o que é teu é meu).

Por Jesus e Seu Espírito, na comunhão eucarística, chegamos ao Pai.

Na Sua "Oração Sacerdotal" Jesus diz ao Pai: "Que sejam um como nós uma só coisa. Eu neles e Tu em Mim". Estas palavras significam que Jesus está em nós e está no Pai.

Não se pode receber o Filho sem que com Ele receba também o Pai.

A admoestação que fazia a Igreja nos seus primeiros tempos: "Quem é santo, que se aproxime. Quem não é que se arrependa".

A Eucaristia é a maior responsabilidade da Igreja na história.

O maior perigo não é o profanar a Eucaristia, mas é o de banalizá-la, reduzi-la a "coisa ordinária" que se pode tratar com desleixo e leviandade.

O zelo e a delicadeza com que se tem numa Igreja o Santíssimo, é o termômetro para medir a fé e a piedade do sacerdote e da comunidade que aí se reúne.

> Resumindo:
> Por que a Missa é o ponto mais alto da vida da Igreja? "Porque nela se faz o presente o sacrifício que Jesus ofereceu na Cruz!"
> A Missa é a fonte de todas as graças, como disse o Vaticano II: "Porque Jesus sacrificado e ressuscitado é o autor de todas as graças."
> No Sacrifício Eucarístico, ou seja, na Santa Missa, é oferecido o próprio Cristo. É sempre Ele e somente d'Ele o preço pago para a nossa salvação. Por isso, na Celebração Eucarística, o Corpo e o Sangue de Cristo tornam-se presentes. São eles, com a presença do Salvador ao qual pertencem, a serem apresentados como oferenda ao Pai pela salvação da humanidade, e por todas as graças vinculadas a essa salvação.

Mário Machado

Não existe a Eucaristia sem a Igreja de Cristo

Não existe a Eucaristia sem a celebração da Santa Missa.

Se descobrirmos a importância da Eucaristia deixada por Cristo, conseguiremos entender a importância e o respeito que devemos ter pela nossa participação da Santa Missa.

"Façam isto para celebrar a Minha Memória."
"Quem não comer da Minha Carne e não beber do Meu Sangue não terá a vida." (Essa vida, prometida por Jesus, só pode ser com o próprio Jesus no Céu, no paraíso).
"Ainda hoje estarás Comigo no paraíso."

Portanto, "participar" da Santa Missa é "Celebrar com Jesus" a minha e a nossa "salvação".

Participar e celebrar, celebrando e participando, é esse o encontro que Jesus quer conosco na Santa Missa, pois é assim que Deus Nosso Pai quer nos garantir a salvação.

Na Missa somos todos "celebrantes com Jesus" do ardente querer de Deus, "Nossa Salvação". Jesus, na pessoa do sacerdote, no altar preparado para o sacrifício (*Sacro Fácere*), ou seja, tornar sagrado o pão e o vinho, transubstanciando-os em Seu Corpo e em Seu Sangue, conforme a promessa.

Somos cristãos, da Igreja Uma, Santa, Católica e Apostólica Romana, os privilegiados por poder celebrar com Jesus nossa salvação, que começa agora em forma de "Vida Nova".

Cada Missa, cada Eucaristia é um estado novo de vida consagrada a Cristo e aos irmãos da Igreja e do mundo. Quando recebo Jesus na Eucaristia, eu louvo, bendigo, glorifico a Deus por estar ali realizando o querer d'Ele sobre mim.

Obrigado, Senhor, fostes capaz de me convencer e me trazer até aqui. Obrigado, Senhor. Obrigado, Senhor por todas as pessoas que foram envolvidas, por Ti, para que eu pudesse estar aqui.

Fundamentos da Fé

Percebo, claramente, o quanto me falta ainda para alcançar a grandeza da misericórdia de Deus para comigo, naquele momento, participando, ali, da Eucaristia.

Celebro com Jesus minha pequenez em mim e ao mesmo tempo, minha grandeza em Jesus.

Sinto Jesus me seduzindo, e lembrando-me das palavras do profeta *Jeremias*, sinto também poder dizer: Eu me deixo, eu quero ser seduzido por Ti, Senhor. Vem, Senhor Jesus.

CELEBRAR: é festa, é alegria, é vitória, é tudo que precisamos para lutar gloriosamente nosso dia a dia. Ninguém celebra derrotas, infortúnios, fracassos, muito menos mortes.

CELEBRAR: não é só rezar com a boca, lendo o folheto da Missa. Eu diria que celebrar é "Orar Rezando". Sabendo e se deixando ser tocado pelo que está acontecendo, pois como celebrante que sou, sei que aquele momento faz parte da minha salvação.

CELEBRAR: é saber, detalhadamente, tudo o que está acontecendo na Missa, ou seja, participo do que Jesus preparou para, comigo, realizar em mim toda cura e libertação necessária a fim de ser Seu servo.

CELEBRAR: é o máximo que eu posso atingir da intimidade que Jesus me oferece para com Ele.

"Vos chamo, amigo pois ao amigo se dá a conhecer seus planos."

Existe um grande perigo, que normalmente pode acontecer e acontece mesmo:

"Deixamos de ser 'celebrantes' e passamos a ser 'assistentes'."

O termo "assistente" aqui empregado, se refere não ao assistente ativo, aquele que atende, mas ao assistente passivo, como aquele que assiste a um filme na TV, por exemplo.

ASSISTENTE é aquele que não participa, isto é, aquele que não é celebrante com Jesus, aquele que não faz parte daquilo que se celebra, só assiste sem prestar a mínima atenção.

Só aquele que é "assistente" vai se achar no direito de avaliar, comentar o que assistiu. "Gostei ou não gostei." Avalia para si.

O "assistente" é aquele que sente, e o pior, aquele que fala que a Missa foi muito longa, que no sermão o padre falou demais, a Igreja estava muito quente, e assim por diante; tudo lhe desagrada. Ou aquele que gosta daquela Missa porque o padre reza em cinquenta minutos.

É assistente porque ignora, não foi evangelizado. Temos que assumir nossa culpa.

Temos que pensar com muito amor nos que são assistentes por não saberem ser celebrantes. Tomemos cuidados com o jeito com que falamos.

Nunca diga: "Você precisa assistir Missa, pelo menos aos domingos" ou, "Eu assisti a Missa das dez horas."

Do jeito com que falamos, projetamos em nosso interior um ser como tal é o nosso falar. Não subestime essa verdade.

Se falo: Será ótimo eu celebrar a Missa com Jesus, eu e todos os meus problemas e dificuldades. Isso seria uma grande colaboração para Jesus vivificar em mim algo forte e verdadeiro, divino e libertador.

Diga sempre: eu celebro a Missa com Jesus todos os domingos às dez horas.

Quando participamos displicentemente (assistente por obrigação) até o maravilhoso se torna chato, nada nos convence, saímos piores do que entramos.

Se participarmos, efetivamente como atuante, consciente do que fazemos e do que queremos, que dias agradáveis nos esperam, que postura diferente passamos a ter com nossos problemas e nossas dificuldades; como toma conta de nós uma capacidade enorme de ser feliz em tudo que temos e somos.

Na evangelização estão incluídos detalhes, a princípio sem valor algum, mas que têm sua importância imprescindível, de um poder extraordinário, importantíssimo.

Do jeito com que se fala e participa das coisas da Igreja, é o jeito de como estamos aceitando ou dispensando as graças divinas para a nossa cura, libertação, nosso progresso espiritual (vida no Espírito).

Não vamos à Missa para rezar pelos doentes, pelos desempregados, e muito menos pelos que morreram. Nem vamos à Missa para anunciar nomes como ação de graças.

Lembre-se, nunca se esqueça: "Missa é celebrar com Jesus a salvação."

Penso que o certo seria o comentarista invocar o espírito de verdade sobre aquilo que vamos realizar.

— *A celebração da Santa Eucaristia com Jesus.*

Seria, então, um despertar, para a comunidade ali reunida, um grandioso auxílio a todos, a fim de começarem a sentir a felicidade de ali estarem:

Comentaria assim:
"Louvado seja Nosso Senhor Jesus Cristo, já no meio de nós." "Para sempre seja louvado." "Salve Maria." "Salve."

O bom dia do cristão é a sudação da presença viva de Jesus no meio de nós.

Vamos encontrando nossa "postura de celebrantes" com Jesus no Altar desta Santa Eucaristia.

Vamos celebrar com Jesus a nossa salvação.

Vamos celebrar com Jesus a saúde espiritual, para uma santa saúde física dos nossos doentes (fulano, fulana, os nomes da lista).

Na Missa com Jesus, não se celebra a morte e sim a vida; portanto vamos celebrar com Jesus, a "ressurreição dos nossos falecidos" (lê-se os nomes, conforme a lista).

"Ação de graças". Vamos celebrar com Jesus, as graças recebidas pelos nossos irmãos, pedidas a Jesus ou aos seus santos e santas intercessores. Lê-se o nome das pessoas proclamando as graças recebidas.

Neste estado de verdade e vida, vamos, em pé, acompanhar a procissão de entrada, como se nela estivéssemos, acolhendo assim, nosso celebrante, padre...

Outra parte importante que justificaria ajudar a comunidade seria na hora da "Consagração".

Na hora em que o Fundamento da Salvação, a verdadeira razão da nossa presença: "Isto é o Meu Corpo; Isto é o Meu Sangue" – Cristo faz acontecer: "Tomai e comei".

Exatamente neste momento está acontecendo a primitiva Ceia Pascal, a instituição da Eucaristia, a transferência de Poder e Ordem à Igreja, "Fazei isto em Minha memória".

Certamente os olhares dos Apóstolos estavam fixados, voltados em Jesus como também no pão e no cálice.

Eles faziam parte do que acontecia, estavam ativos, participantes com Jesus daquilo que eles iriam realizar.

Neste exato momento, de Jesus nos nossos altares, vemos uma comunidade cabisbaixa, lendo num folheto o que eles já sabem decorado. Não olham para Jesus nem para o pão e nem para o cálice.

Não participam como celebrantes que são, mas como leitores cabisbaixos.

Se a Igreja está usando Hóstias de tamanhos bem maiores, justamente para que na hora da consagração possa ser vista até a longa distância, é justo que a comunidade deva ser orientada para este momento santo, o maior da Santa Missa.

Do meu ponto de vista, o ideal seria que no folheto não viesse a parte da consagração, mas enquanto isso não acontece é nosso dever orientar nossos irmãos a deixarem seus velhos costumes e acolherem posturas de riquezas novas.

— *Postura de celebrantes com Jesus da sua salvação.*

Para participar da espiritualidade, propósito do Espírito na liturgia, temos que ter o conhecimento pelo qual a Igreja o realiza e nos orienta, conduzida pelo Espírito Santo.

Na realidade não somos o que sabemos, mas o pouco que somos é fruto, é graça, do "muito" que sabemos.

Quem nada sabe, quem tudo desconhece, tudo em sua vida é limitado. Não sabe escolher o que quer, então, segue o querer dos outros.

"Diz-me com quem andas e te direi quem tu és."

— *Sou aquele que me fazem ser.*

Evangelizar é "se deixar" ser evangelizado para poder evangelizar. É querer ser convencido para saber e poder convencer.

É ter uma fé fundamentada, no que a Igreja afirma como verdade e fé, para ser um referencial de direção dentro da comunidade para a comunidade.

Repito, não vivemos o quanto sabemos, mas é o quanto que sabemos que vai mudando nosso jeito de ser melhor.

Aquele que sente o gosto de se converter é aquele que procura conviver com quem pode ajudá-lo.

Saberá encontrar a sabedoria da vida naquele que lhe revela Cristo pelo seu jeito de ser cristão.

Descobrirá, em si mesmo, que todos os que querem ser cristãos sabem que são fracos; sabendo disso buscam em Cristo Jesus força para os tornarem fortes.

Seguindo um homem de fé chegamos aos Sacramentos.

Principalmente ao da "Confissão" ou "Reconciliação" para nunca deixar de participar do "Sacramento da Eucaristia".

Fundamentos da Santa Missa

Missa, presente de Deus para a nossa Salvação

Fundamento: "MISSA: criação de Deus para "Ele" salvar o homem e a mulher "Você".

Postura: Acolhimento – Entrega – "Sim eu quero".

Deus vai nos enriquecer d'Ele – (Aquele que sabe é aquele que pode ser e ter).

MISSA: Celebrar com Jesus aquilo que vou receber d'Ele para usar com Ele.

MISSA: Celebrar com Jesus a minha, a nossa salvação. Missa só existe na Igreja de Jesus Cristo.

MISSA: Faz de nós membros do Corpo Místico de Cristo que é a Sua Igreja no mundo todo. Somos um só corpo no mundo inteiro. Podemos dizer com a Igreja do mundo inteiro: "Cristo é nossa Cabeça".

MISSA: Criação de Deus para a "Sua Igreja" realizar o nosso tornar membros do Corpo Místico de Cristo.

"Eu sou uma unidade no Corpo de Cristo, Sua Igreja."

Deus não para de trabalhar – É próprio do AMOR. "Tudo o que é meu é teu, inclusive Eu".

Neste momento em algum lugar do mundo, uma Missa está sendo celebrada pela Igreja.

Nós, agora, no grupo de oração, ou onde quer que estejamos, estamos sendo oferecidos por Cristo ao Pai pela Celebração de uma Santa Missa.

— *Missa – Igreja. Igreja – Missa.*

"Uma faz a outra."

Não existe Igreja de Cristo sem Missa e nem Missa sem Igreja de Cristo.

"Ouvir a Igreja é ouvir a Cristo – Ser de Cristo é ser da Igreja".

MISSA: Celebração do corpo místico de Cristo.

Cristo a Cabeça e nós seus membros (para realizar o querer da cabeça).

MISSA: Criação de Deus para a nossa eternidade junto com Ele.

MISSA: Criação de Deus para Ele poder ser nosso em nós. "Sem mim nada podeis".

Só existe transubstanciação do Corpo e do Sangue de Cristo no pão e no vinho na MISSA.

Não havendo MISSA não existe "Consagração do Pão e do Vinho, a Eucaristia".

A grandeza da MISSA é que toda história da salvação está presente na Eucaristia; e a Eucaristia está presente em toda história de salvação.

Portanto, é na MISSA que celebramos a Salvação com Jesus.

— *Eucaristia, a Celebração Eucarística na Missa.*

    No A.T.: Foi figura.
    No N.T.: Foi acontecimento.

Hoje, na Igreja: Sacramento. Celebração Eucarística.

Fomos criados por Deus para pertencermos, não só no "ser d'Ele, mas também no ter a Deus". Na Missa a Eucaristia é o jeito de Deus demonstrar sua FÉ em nós e nós, a nossa fé em Deus, acolhendo-O e permitindo-O ser por nós.

A Eucaristia só é possível (na Missa) por causa do Espírito de Jesus que está na vida da Igreja.

— *Eu estarei sempre contigo até o fim dos tempos.*

Na Cruz, Jesus inclinando a cabeça "entregou Seu Espírito".

MISSA é exatamente esse momento interminável em que Cristo entrega o seu espírito. O Espírito Santo nos deu Jesus por meio de Maria; na Igreja Jesus nos dá o Espírito Santo pela Eucaristia.

Missa é celebrar: Deus em nós para podermos estar em Deus.

A Igreja nasce da Eucaristia, Jesus presente, palavra, a instituição do sacramento para as futuras Missas e o Sacramento da Ordem: *"Fazei isto em Minha memória"*.

Deus disse: "Faça-se" e acontecia. Agora, Ele diz à Sua Igreja: "Fazei isto em minha memória" e a vontade de Deus se realiza para a salvação do homem.

"Tomai e comei, este é o Meu Corpo (transfigurado, divino) oferecido por vós em sacrifício."
"Fazei também vós o que Cristo fez. Fazei-vos também Eucaristia por Deus."
"Oferecei-vos também vós em sacrifício vivo e agradável a Deus." (é o que diz o Apóstolo Paulo).

— *Sacrifício: Sacro-facere = tornar-se sagrado – tornar-se de Deus.*

CORPO: Significa "toda a Minha vida" vivida pelo Meu Corpo. É pelo Corpo de Cristo que se realizou o sobrenatural: a nossa salvação.

SANGUE: Significa "Minha morte". Não a morte do corpo; a morte do Meu querer, para poder viver a vontade do Meu Pai.

Ao tomarmos o Sangue expressamos a oferta da nossa morte, morte para o mundo e vida para o Reino. Ao comermos o Corpo entregamo-nos para que toda vontade de Cristo em ser por nós seja realizada para a honra e glória de Deus Nosso Pai.

Conclusão

Missa não se assiste, celebra-se. Celebrar a Missa com Jesus é tornar-se "um" com Jesus. Eu o servo e Jesus meu Senhor.

CUIDADO: A boca fala do que o coração está cheio. O inverso também é verdade: O coração se enche das bobagens que a boca fala. Por isso devemos tomar cuidado de não repetir as bobagens que ouvimos do povo, do povo de Deus que fala sem pensar.

ASSISTENTE é aquele que não participa, é passivo, assiste sem entender nada do que se passa. É aquele que só sabe comentar: gostei, não gostei, sermão demorado e assim por diante.

Nunca diga: Eu assisti ou eu vou assistir tal Missa. Passe para frente tão grande conhecimento.

Diga: Vou celebrar com Jesus a salvação minha e de todos os que comigo celebram a Santa Missa, bem como de todos os que fazem como nós no mundo inteiro.

Equipes

Equipes de oração e em ação

>Equipe de oração = Reunião do Núcleo.
>Equipe em ação = Reunião do grupo de oração.

Tratemos inicialmente da reunião do núcleo de serviço ou dos servos do grupo.

É fundamental preparar-se para tudo nesta vida. Preparar-se como tal para aquilo que nos compete fazer acontecer.

Consideremos que somos os professores que vão partilhar seus conhecimentos e experiências sobre a graça de viver a vida que Cristo nos deu, pela Igreja.

>"Nossa Conversão – Nossa Evangelização."

Tenhamos, pois, total consciência no cuidado que devemos ter com tudo aquilo que vamos falar; que tudo tenha plena concordância com o que fala a Igreja pelo seu Catecismo – CIC (Catecismo da Igreja Católica).

Traduzindo, significa: "Não falar, muito menos afirmar, aquilo que não sabemos". Ou melhor: falar só o que sabemos. Assim seremos eficientes professores e eles serão eficientes alunos, pois, aprenderão somente o que é verdade. Por pouco que seja, mas de imenso valor.

É muito triste ver aluno, aprendendo coisas sem fundamentos que não dão saúde nenhuma ao espírito, pelo contrário, são gerados por falsas verdades que os desviam da verdade verdadeira, o próprio Cristo Jesus. Ele perde a condição de se relacionar, ele próprio com Cristo, passando a ser totalmente dependente de interlocutores entre Cristo e ele. Não sabe ouvir nem se expressar em oração com Deus que é seu Pai.

Não sabe pedir nem acolher as graças a ele dispensadas pela misericórdia de Deus que é Pai. Não é capaz de perceber Deus querendo libertá-lo, Deus querendo curá-lo.

É muito triste saber que isto é algo comum entre os "bem intencionados", porém sem formação nenhuma.

Esta é a grande responsabilidade deste grupo de pessoas que aceitaram ser parte da equipe de servos do grupo de oração ou de outra equipe de serviço ou movimento dentro da Igreja.

> "Não tenhais medo" é para cada um de nós. Mas tenhamos cuidado, obediência e unidade no Senhor.

Haverá sempre no meio de nós aquele que Deus coloca para nos impedir de errar e nos incentivar naquilo que é certo. Daí o grande pedido de Jesus: *"Amai-vos uns aos outros como Eu vos amo"* Isto é unidade. É Jesus nos conduzindo pelo Seu Espírito. Com certeza.

Podemos ver claramente que, "antes de querermos aprender o que fazer, devemos querer aprender o como devemos SER"

Quando sentimos esse amor entre nós, esse prazer em estarmos unidos para a mesma causa, vamos percebendo que estamos caminhando em tudo aquilo que Ele quer realizar através de nós.

Alegremente, vamos sentindo Jesus estar em nós e todos nós nos submetendo ao Seu Espírito. Seremos, assim, capazes de amar nossos irmãos presentes no grupo como Seus escolhidos.

Dedicaremos, por assim dizer, até mais amor àqueles que, desordenadamente, prejudicam o andamento do grupo. Estaremos ungidos para libertá-los e curá-los. São eles também escolhidos.

> *"Toda escritura é inspirada por Deus, e útil para ensinar, para repreender, para corrigir e para formar na justiça. Por ela, o homem de Deus se torna perfeito, capacitado para toda Boa Obra."* (2Tim 2,16-17).

O grupo de oração é uma "Boa Obra" de Deus para todos nós

Para as "Boas Obras", Deus prepara àqueles que vão ser "instrumentos d'Ele", três Graças fundamentais, para que os servos e Deus, não sejam desmoralizados no coração dos escolhidos.

São elas: a graça do "Objetivo"; a graça da "Estratégia"; a graça da "União".

Lembremos que "graça" é: "Deus se doa."

É Deus se doando para que Sua Vontade se torne vida e vida em abundância e que Seus filhos, agraciados, sejam os executores, os instrumentos do Seu querer.

Estas graças são dedicadas à preparação da equipe de servos, habilitando-os a aplicá-las ao grupo de oração.

Este fundamento é de vital importância para o crescimento espiritual dos servos.

— *Graças para os objetivos.*

Graças que o Espírito quer realizar na vida de Seus servos, preparando-os para receber os dons necessários e colocar-se em serviço sabendo, assim, o "para que" é que foram escolhidos e colocados à frente do grupo de oração.

Temos que encarnar em cada um de nós que o grupo de oração é parte importante do "Objetivo Maior" de Jesus.

"O objetivo maior de Jesus é salvar vidas" e Ele quer realizá-lo através dos servos do núcleo do Seu Grupo de Oração. Aceitando isso o grupo não é mais só dos servos; o grupo passa a ser de Jesus e dos servos.

Caso contrário, continua sendo só dos servos (ou só do coordenador) e não de Jesus.

Se essa verdade não for encarnada nas vidas dos servos, se ela não for a causa da pertença ao grupo de oração, então, muito pouco o Espírito Santo poderá realizar nos escolhidos que frequentam o grupo.

Lembre-se do que disse um santo: "O Espírito Santo não realiza mais porque os homens não deixam".

Deverão os servos, como escolhidos para o núcleo, saber que não conseguirão ser o que Deus espera deles, não podendo assim, corresponder com a sua missão no grupo de oração.

Esta verdade é fundamental na vida dos servos, pois ela será fruto do dom da humildade, que os tornarão em condições, agora sim, de se tornarem dignos da missão por Deus escolhida a eles.

O objetivo de Jesus para com cada um de seus servos é poder contar com eles.

Se corresponderem, suas orações de entrega a Deus se tornarão um precioso canal, para as graças de abertura aos dons destinados àquilo que Ele quer, por eles, realizar.

— *Graças para a estratégia.*

Uma vez conhecido e correspondido com os objetivos de Jesus estamos abertos para acolher as graças necessárias "para agirmos pela inspiração divina".

Deus se doa em cada um.

Graças para:

– Que o grupo todo perceba estarem os servos vivenciando uma honrosa responsabilidade cristã.

– Que o grupo todo perceba estarem os servos capacitados para a "Boa Obra" do grupo de oração.

– Que o grupo todo perceba o "Amor de Jesus" por eles através da dedicação dos servos ao grupo.

– Que o grupo todo perceba em cada um dos servos uma dedicação de entrega e de conhecimento da Palavra.

– Que o grupo todo perceba em cada um dos servos uma unção necessária àquilo que Ele vai realizar.

– Que o grupo todo perceba em cada um dos servos uma nova vida, fruto do sim a Jesus e a eles.

– Que o grupo todo perceba estar acontecendo entre os servos um amor de unidade e ação.

– Que o grupo todo percebendo a unção dos servos, se abra às graças e se torne um com todos.

– Que aconteça ser "o grupo de oração" verdadeiramente "Um Grupo de Oração" da Igreja de Cristo.

E muito, muito mais...

— *Graças para a união.*

Uma vez assimilados os objetivos e a estratégia, saberão o quanto é necessária a união entre eles, servos de Deus, para a realização, com sucesso, do querer de Jesus para com o grupo de oração.

Saberão assim, colaborar com Jesus no sentido de se tornarem unidos para a missão da glorificação do nome d'Ele nos corações presentes no grupo de oração.

"Jesus quer realizar nos servos do núcleo o dom da Unidade."

"Para que todos, unidos, sejam UM com o Pai, com o Filho e com o Espírito Santo."

Na graça dessa União, sentirão uma nova felicidade, até então desconhecida, por pertencer, verdadeiramente, a um grupo de servos do Senhor Jesus.

Acontecerá entre eles:

– Capacidade de partilha, conduzida pelo Espírito Santo.

– Alegria e consenso nas atribuições e nas escalas de serviço.

– Cooperação prazerosa nas atribuições atribuídas a cada um.

– Sentir-se participante de todas as decisões como membro escolhido para tal.

– Conhecer plenamente o significado de cada parte que compõe o grupo de oração.

– Distribuição entre os servos das partes como tarefa a ser realizada no próximo grupo.

– Alegria em poder ajudar e em ser ajudado sobre como realizar as tarefas atribuídas.

– Partilhar as experiências positivas e negativas do grupo, buscando em união, as soluções.

– Encontrar entre os servos aquele ou aqueles que vão representar o grupo nas reuniões. (Igreja e RCC).

– Sentir as alegrias do superar desacordos; espírito de superação de todas as adversidades da vida e do grupo de oração.

Ser o núcleo de servos uma "Verdadeira Unidade"; "um por todos e todos pelo grupo de Jesus".

> Lembremos: Passivo é aquele que não sabe vivenciar o comando de Deus Pai pelo Espírito Santo porque se deixa ser conduzido pelas pessoas que se impõe pela sua autossuficiência. São vítima de pessoas bem intencionadas, mas totalmente enganadas, atrapalham a obra redentora de Cristo.
> O grupo de oração, em hipótese alguma, deve ter a menor postura geradora de passivos; mesmo que a pessoa tenha toda tendência para ser um passivo. O grupo deve saber como libertá-lo da sua falsa humildade.
> "Ser gerador de passivos é ser extremamente anticristão." Não se esgotam aqui as graças preparadas para o grupo de oração através dos servos.
> "Dar-vos-ei pastores segundo o meu coração, os quais vos apascentarão com inteligência e sabedoria." (Jer 3,15).

— *Momentos de preparo para a realização do grupo de oração.*

Bem intencionados e em união, entra-se em estado de graça.

A preparação para a realização do grupo se torna uma alegria pela beleza dos motivos que surgirão para o enriquecimento do grupo de oração.

Será tudo isto um exagero? Devemos saber que se não tomarmos cuidado com os fundamentos, facilmente consideraremos um exagero, uma utopia, pois tal verdade é pelo espírito e nunca pelo racional submisso aos entendimentos e costumes do mundo em que vivemos.

> "Quem anda de cabeça baixa, bate a cabeça e, quando vê, pisou na sujeira."
> "Não viu, não deu tempo de desviar-se."

— *Corações ao alto! O nosso coração está em Deus".*

Esse é o espírito que deve nortear a nossa fé, o tudo de belo que vai acontecer.

Cada parte do grupo de oração deve ser uma preparação para a parte seguinte.

INÍCIO: Deve ser uma preparação para a "Palavra" (sugestão: o Evangelho do dia ou a Oração do Terço).

CANTOS: Consagração à Santíssima Trindade – Confraternização junto com o abraço da paz entre todos, não só os bancos da frente com os de trás mas todo o grupo – Canto de Consagração à Maria – de Entrega ao Espírito Santo – de Louvor – de Adoração.

> "Que o grupo saiba: cantar é próprio de quem ama; cantar é o dom maior que é o Amor, que o cantar em oração evangeliza, muda corações e santifica." (Santo Agostinho).

Devemos anunciar os cantos como uma oração cantada.

"Oramos cantando."

Não é de bom tom e deve-se evitar dizer: "Vamos cantar o canto número tal".

Devemos motivar no grupo o sentir em oração quando cantando, "Cantar em oração".

ORAÇÕES ESPONTÂNEAS: em português e ou através do dom de línguas.

O grupo deve ser despertado para a grandeza da oração espontânea. Ela é, tanto para quem está conduzindo como para o grupo todo, um exercício mental de uma verdade que eles já podem sentir e definir como presença viva, perceptível de Deus querendo com eles relacionar. Transforma-se assim, numa participação concreta, audível para o enriquecimento de todos ali presentes.

A oração em línguas levará o grupo a um alto nível de espiritualidade, ou seja, a uma verdadeira "entrega a Deus". Esta entrega é a principal finalidade da presença de todos no grupo de oração.

EVANGELHO: Deve ser uma preparação para o momento da "Oração de Perdão".

Que o grupo saiba que o Evangelho, a Palavra, é o jeito que Deus vive, aquilo que Deus é e naquilo que nos quer transformar. Portanto, é Deus nos oferecendo Sua vida e esperando o nosso 'sim'.

LEITURA: Explicação do que Deus está nos oferecendo ser – Conscientização do que somos e da nossa impossibilidade em atender ao pedido de Deus.

PARTILHA: Partilha sobre o 'sim' que Deus espera de cada um ali presente sobre a proposta de "Vida Nova" conforme o Evangelho.

Peça a graça do 'SIM de MARIA': 'Faça-se em mim segundo a Vossa Palavra.

PERDÃO: Depois da Eucaristia é o momento mais importante do Grupo. Deve ser uma preparação para estar em condições de participar da Eucaristia.

Arrependidos por não termos sido o que Deus esperava que fôssemos. Conscientes disso imploramos a Ajuda de Deus (a ação do Espírito Santo em nós) para que venha tomar posse de nossas vidas, independente das nossas resistências. Não queremos mais ter o comportamento do mundo ao relacionarmos com o próximo.

Pedir perdão é a maior oração de entrega que Deus nos oferece fazer a Ele.

"O verdadeiro pedido de perdão vem da sinceridade do arrependimento" (que também é graça de Deus).

Lembremo-nos que o "perdoar de Deus" é o doar-se de Deus a nós e o nosso entregar-se a Ele para a realização da nossa santificação – Salvação.

A Salvação e a Santificação são o grande Sonho de Deus para com Seus filhos.

EUCARISTIA: É tudo que necessitamos para viver o que cremos e queremos.

Havendo este momento no grupo de oração, a participação dos presentes na Eucaristia, deve ser acompanhada com uma oração de entrega total a tudo aquilo que aprendemos ser do querer de Deus para nossas vidas.

"Vem, Senhor Jesus, realiza a libertação do meu jeito de ser do mundo. Entregaste a mim, Senhor e agora eu me entrego a Ti."

A Igreja, na sua autoridade, realiza e oferece a nós por ordem de Jesus: "Fazei isto em minha memória". Respondemos "Amém", ou seja, "Sim eu quero", "Sim eu aceito, pois confio em Nosso Senhor Jesus".

A Eucaristia é a fé em Cristo, para que quem recebe-l'O, possa ter a fé d'Ele e deixar-se converter e salvar-se.

"Eucaristia é cura para a Salvação."

A Eucaristia inicia em nós uma nova vida, a vida do "em tudo louvar a Deus", "em tudo dar graças".

A Eucaristia, portanto, é graça para criar e aumentar a vida do "Louvor a Deus". Do caminhar com Cristo e a Igreja; do ter Cristo para o irmão e também do ver Cristo no irmão.

LOUVOR: Tudo que necessitamos para se ter um coração sempre aberto a Jesus. "Orai sem cessar" é uma vida louvando e dando graças a todos os momentos, bons ou maus. A maior graça do grupo de oração é gerar em cada um dos presentes uma vida de louvor a Deus.

Um saber reconhecer a importância de Deus na vida. O estar sempre, e por tudo, "louvando a Deus" é que vai sustentar a fé que vamos acumulando na caminhada, e na perseverança do grupo pela sua importância reconhecida.

A "Boa Obra" do grupo de oração será a transformação dos seus membros em "Cristãos Carismáticos". Ser carismático é ser aquele que o Espírito Santo o usa como "bênção", "sinal", "presença de Deus" no meio da Sua Igreja, seu povo, em renovação.

Todos que foram tocados por Jesus, não só foram curados dos seus males físicos, mas principalmente introduzidos numa Nova Vida de Louvor a Deus. "Pulavam, cantavam louvando a Deus". E assim Jesus ficava conhecido, admirado e desejado, pelo testemunho daquele que não parava de louvá-lo pela cura recebida.

Cada participante do grupo de oração deve estar ciente desta verdade: "Para que é que estou neste grupo de oração?". Este questionamento é fundamental para descobrir o amor que Deus tem por ele na medida em que vai experimentando a vida nova: "Por Cristo, com Cristo e em Cristo".

Importante se torna dizer da Sabedoria com que o dirigente deve conduzir as orações de louvores no grupo.

Lembremos sempre que:
Quem deve cantar, quem deve louvar, quem deve orar é o Grupo de Oração. As pessoas não estão lá só para ouvir o louvor e a oração de quem está conduzindo o grupo. O uso do microfone pelo dirigente irá sobrepor em volume a oração e o canto do grupo. Isto irá inibir a oração e o cantar do grupo fazendo-o

silenciar, tornando-os ouvintes do dirigente. Isso não é de Deus e "em não sendo de Deus" quem está se impondo no grupo é o dirigente.

Oração em Línguas – louvor em línguas

Lembra de quando falamos sobre a diferença entre "Rezar e Orar"?

Rezar é pela boca o que se está lendo ou decorado.

Orar é pela boca o que se está pensando.

Nunca ouvi falar que se reza em línguas, mas sim que se ora em línguas.

Quando oramos ou louvamos em línguas, nossa mente está livre do pensar e no que falar; somente pensa no que se ora.

Se pensar em Deus Pai, a oração em línguas é dirigida só a Ele.

Se pensar em Jesus Nosso Senhor, a oração é dirigida só a Ele.

Se vou louvar em línguas, simplesmente louvo em línguas.

Se vou clamar a misericórdia de Deus, simplesmente clamo-a em línguas.

Nossa mente não precisa estar formando frases para se dirigir a Deus.

Nossa mente não está preocupada em tempo de verbo nem em criar frases sobre o que falar a Deus.

Todo o nosso ser, simplesmente ora em línguas. Quando louvamos em Línguas dá-nos a sensação de que é sincero o nosso louvor. É muito agradável.

O grupo de oração que ora em línguas percebe-se ser um grupo liberto para espiritualidade mais profunda.

Normalmente após a oração em línguas, acontece manifestação de palavras de ciência ou profecias. Nessa parte é normal acontecer desordens, exageros por parte de alguém. Desencadeia todo mundo falando ao mesmo tempo sem discernir nada do que se fala.

Ninguém está interessado em meditar no que foi falado mas, só em falar também aquilo que ele pensa ser inspirado.

Quem sabe coordenar deve interferir de imediato para não se perder a unção do grupo. Orienta, ensina o que é importante ouvir e o que é importante falar.

Será o grupo que vai discernir se foi inspirado ou não.

Será o grupo que vai se enriquecer no Espírito ou vai se perder no que é humano.

Todo cuidado é pouco

Grupo de oração é algo maravilhoso de Deus para nós. É Deus nos formando para "ser com Ele", na formação do próximo escolhido por Ele. Jesus nos escolheu e nos formou através de alguém.

Veja: Se alguém quer ser médico, ele vai aprender com outros médicos. Se alguém quer fazer algo errado, ele vai aprender com quem o faz. Se alguém quer ser santo, ele vai aprender com quem está se santificando.

O seu grupo de oração foi o lugar para onde foi sugerido àquele que quer encontrar-se com Jesus.

Aquele que quer ser santo – quer libertar-se da pobreza da sua vida mundana para enriquecer-se em Deus. Dê uma olhada no pessoal do grupo e veja esta realidade. Foram levados para encontrar-se com Jesus.

Você é aquele em quem Jesus confia e vai usá-lo para esta obra d'Ele. Você não pode negligenciar esta confiança d'Ele em você. Ao contrário, você deve sentir o peso da responsabilidade e buscar em você a força divina que lhe é dada para entregar-se a Deus.

> Entregar-se num agradecimento de louvor e glórias a Deus pela maneira honrosa com que Ele está confiando e contando em você.

"Parabéns, meu irmão, por tudo aquilo que Deus vai fazer em você e por você. E muito obrigado pela sua aceitação". Assim deve ser a nossa consideração para cada irmão presente conosco no grupo.

> Lembre-se sempre: O grupo de oração que você atua é como uma sala de aula. Há alunos que só conseguem aprender o "bê-a-bá" e "aritmética", 1+1=2. Não é por isso que basta você ser orientador com conhecimento só para alunos do primário. Recorde-se ainda que, no grupo de oração no qual você é o dirigente, o orientador, existem lá alunos com capacidade para espiritualidade bem mais profunda. Você é que tem que "ter e ser" capacitado para colocar o ensino e a espiritualidade em nível pleno para todos.

Você será o responsável pelo ensinamento perfeito e pela espiritualidade convicta igual para com todos.

Em assim sendo, os principiantes, os que tudo desconhecem, se libertarão das suas ignorâncias e se apaixonarão por querer conhecer mais e mais a Cristo Jesus. Tudo através do conhecimento gerado pela experiência de Cristo em suas vidas.

> Lembre-se: Se eu quero crescer em espiritualidade e vejo que o grupo é muito fraco, saio e não volto mais, vou procurar outro.

Percebemos tal realidade na quantidade de frequentadores flutuantes que acontece em muitos grupos de oração. O grupo não consegue formar nem um núcleo forte e perseverante.

Será como assistir a uma turma querendo jogar vôlei. Rimos, achamos graça, porque jogam muito mal. Vamos logo embora, não queremos perder tempo.

Deus está para lhe abençoar e lhe formar. Procura quem "sabe ser" e aprende com Ele.

No discurso sobre o pão da vida, muitos dos pretensos discípulos, ouvindo a realidade e a seriedade do chamamento de Jesus no Seu seguimento, diz o Evangelho, que muitos deles retiravam-se e já não andavam mais com Jesus.

Então Jesus pergunta aos doze: "*Quereis vós retirar-vos também? Pedro responde: A quem iríamos nós Senhor? Só tu tens palavra de vida eterna.*" (Jo 6,66-68).

> "Só tu tens palavra de vida eterna."
> "Vida e Vida Eterna" é o fundamento da nossa fé nesta caminhada com o grupo de oração.

"Vida" é o viver com Deus agora até a morte". "Vida Eterna" é o viver com Deus agora até o viver com Deus depois da morte, na eternidade.

Provavelmente os que saíram, os que deixariam de andar com Jesus, eram aqueles que só queriam, de Jesus, Seu bem-estar, como: cura de seus males físicos, libertação, emprego, enfim, queriam Jesus mas, não queriam ser de Jesus.

O grupo de oração tem que tomar consciência da Palavra, mas para que possa acontecer essa consciência é necessário que os responsáveis sejam "evangelizados", sejam despertados para a fidelidade da nova vida em Cristo Jesus. Tomem conhecimento de que o grupo de oração é o lugar da graça acontecer. A compreensão da vida em Cristo e por Cristo irá se consolidando na sua caminhada e o grupo seguirá, então, Suas pegadas. É nesse fundamento que todo o grupo de oração tem que dedicar-se nessa entrega.

Sendo os orientadores convictos e fundamentados nas Verdades da Fé, os frequentadores do grupo de oração terão essa espiritualidade e se tornarão instrumentos de Deus na formação espiritual dos que chegam depois deles no grupo de oração.

Assim aconteceu nos *Atos dos Apóstolos* com os primeiros cristãos. É assim que é para acontecer hoje com os cristãos que se reúnem nos grupos de oração.

Sobre os dons

Deus se doa aos Seus filhos para que, com Ele, eles saibam como ser e fazer.

Deus é Eterno: Não teve início e nunca terá fim. Deus será sempre:

Onisciente: Para Deus o passado e o futuro estão sempre presentes. Deus vê o amanhã hoje.

Onipresente: Deus está em todo lugar ao mesmo tempo.

Onipotente: Tudo existe pela Sua criação e tudo o que existe subsiste n'Ele e é para Ele.

Tudo subsiste em Deus: Se pudéssemos tirar da órbita o maior planeta existente, na medida em que ele fosse saindo já ia desaparecendo sem deixar vestígio nenhum. Tudo, tudo só existe em Deus. Nada existe e nem existirá sem Ele.

Deus é amor e amor é vida. No amor não existe o destruir, pelo contrário é próprio do amor "criar e recriar" conforme foi criado por Ele. Deus é Pai e como Pai quer Seus filhos participando do tudo que Ele é e tem.

Por incrível que pareça "esse Deus" foi quem nos criou para ser glorificado por nós, Seus filhos.

É assim que Deus quer que saibamos: Somos nascidos de Deus. Existimos porque Deus existe ou Ele existe porque existimos para testemunhá-l'O e glorificá-l'O.

O pai só é pai porque tem filho e o filho só é filho porque tem o pai.

O pai quer o filho para ser pai com o filho.

Deus se realiza como Pai quando Seu filho se realiza como Seu filho.

É o Pai que cuida do filho, que protege, que salva e ensina.

É o Pai que se revela ao filho para que o filho saiba quem é seu Pai, e quem foi que o criou.

Deus Onisciente, nosso Pai, sabe que pelo jeito que estamos vivendo hoje, como vai ser o nosso amanhã. Se o amanhã não for convenientemente bom para nós, Seus filhos, também não o será para Ele. Então, Deus Nosso Pai, se comunica de algum jeito conosco no sentido de nos orientar a sair do errado e entrar no caminho certo.

Se formos dóceis no relacionamento com Deus, ficará mais fácil entendermos e acolhermos Suas orientações e recebermos, assim, os auxílios que necessitamos para preparar o nosso amanhã.

O nome desse mistério pelo qual ficamos sabendo com antecedência o que é bom agora para o bem do nosso amanhã é: DOM, dom de Deus. Só Deus é quem tem o dom de revelar a nós o que Ele sabe e pode.

"Sem Mim nada podeis."

Se não escutamos a Deus (surdos por falta de intimidade), Ele arranjará outro filho Seu que O escute e venha revelar a nós o querer d'Ele. Dom de Deus pelo irmão a nós.

> Lembre-se: É pelo Batismo que recebemos o Espírito Santo. Deus passa a fazer parte da nossa vida: do nosso corpo, da nossa alma, Ele é o Espírito sendo o nosso espírito.

Quando Deus nos fala, Seu Espírito em nós convence o nosso racional, e todo o nosso ser age de acordo com a Sua vontade. Encontramos prazer em obedecer ao Espírito, estando assim, prontos e aptos para que nossa vida seja conduzida pelos Dons, pelo Espírito Santo de Deus.

A intimidade nossa com Deus é fruto da "evangelização" a que nos submetemos através dos irmãos evangelizados.

A evangelização nos faz abrirmos aos dons de "santificação" dons de: Sabedoria – Fortaleza – Ciência – Conselho – Entendimento – Piedade – Temor de Deus.

Sem intimidade com os dons de Santificação não se tem condições de entregar-se a Deus para que se possa por em prática os dons Carismáticos: dom da Fé

Fundamentos da Fé

– Interpretação – Profecia – Cura – Línguas – Milagres – Discernimento – Palavra de Ciência – Palavra de Sabedoria e outros mais.

Fica aqui uma resposta do porquê de tantas desordens nas manifestações dos dons carismáticos em nossos grupos de oração. Uma grande lacuna nos grupos e até na própria Igreja é a carência de evangelizados por falta de evangelizadores fundamentados na fé. Vamos pensar seriamente nesta verdade.

O QUE SOMOS?

O que cada um de nós é segundo São João da Cruz

Vejamos as partes pelas quais é formada a estrutura da alma de cada ser humano.

PARTE EXTERIOR OU SENTIDOS: Pertencem ao "Exterior ou Sentidos": O CORPO com seus cinco sentidos: visão – ouvido – paladar – olfato e tato, a vida emocional: paixões – alegria – esperança – tristeza – medo, imaginação e a inteligência para uso dos "Sentidos".

PARTE INTERIOR OU ESPIRITUAL: Nela estão a Vontade e o Amor. A Vontade, aqui, é a necessidade do Amor. Está também aqui a "Inteligência". Independente dos Sentidos, chamada de "Sabedoria espiritual" é um sentimento que nos possibilita sentir "Segurança, gostar da vida comunitária" e alcançar um "estado de paz".

NO CENTRO DA ALMA: É acrescentado em nós, algo muito mais que o exterior e o interior, um terceiro elemento, no centro da alma onde todos nós somos a *"Imagem de Deus"*. Em nosso ser mora a Santíssima Trindade. Somos assim, um *"Templo Vivo de Deus"*. Isto significa que em cada um de nós existe um lugar são, santo; um lugar que não está contaminado pelo pecado original e onde o demônio não tem acesso.

O pecado faz com que o homem não viva mais a partir do seu centro se tornando um desconhecido para si mesmo mas, o centro da alma é Deus, afirma São João da Cruz.

Quando *São Paulo* diz: *"Não sou eu mais que vivo, mas é Cristo que vive em mim"* (Gl 2,20), ele está dizendo que o Cristo é o centro da vida dele. Ele está vivendo sob o comando do centro de sua alma, onde a Trindade faz morada.

O homem é, portanto, um ser composto de três partes, uma realidade complexa. Os vários níveis que o compõem podem estar em desarmonia.

— *Viver pelo exterior ou sentidos.*

Viver pelos sentidos significa viver uma dependência de tudo que é externo. É como viver só olhando o lado de fora pela janela sem olhar para o seu interior. Aquele que vive só pelos sentidos tem a inteligência preocupada e ocupada só em processar possibilidades para atender somente a VONTADE através dos sentidos do Corpo: por aquilo que vê, ouve, cheira, toca ou come.

A VONTADE é de comprar tudo: o que vê, o que ouve, o que veste, o que come; experimentemos olhar esse sentimento em nós e sintamos esta verdade em nossa vida.

A imaginação gera a paixão pela VONTADE, e assim se vai misturando alegrias e esperanças, experimentando, tristezas e medo para atender a VONTADE. A vontade não é a nossa, é o nosso ser que tende a ser assim.

Na escravidão da VONTADE vamos sendo atropelados e ao mesmo tempo nos tornando atropeladores, e o pior, a mente passa a registrar desordens incontroláveis; perdemos a moral, perdemos até o sentido da vida.

Todas as aberrações humanas que presenciamos no mundo, acontecem pelo exercício da vida nesta parte "Exterior ou Sentidos". Todos nós temos plenas condições de permiti-las.

Fica assim explicado porque há tanta desordem da prática comum, chamando isto de cultura moderna.

É nesta parte que compõe o ser humano que se desenvolvem os vícios do fumo, da bebida, drogas e outros mais.

O "Exterior ou sentidos" também é capaz de praticar boas ações.

Sente a necessidade de Deus só que quando o procura, procura-o para tratá-lo como 'seu office-boy', aquele que deve realizar seus pedidos, suas súplicas. Entende Deus como se Ele devesse estar à sua disposição para livrá-lo de seus problemas.

Outros se apegam a santos e santas como seus devotos a fim de tê-los como seus protetores. Estão incapacitados de aceitar a verdade: "Devoto é todo aquele que, porque admira, pede ajuda para imitá-lo com sua vida".

Todo tipo da "Vontade" de tirar vantagens em tudo se desenvolve na mente do homem que só vive na sua parte "Exterior ou sentidos" do seu ser.

São João da Cruz afirma que todo aquele tem sua vida conduzida pelo Interior ou espiritual, descobre que tudo o que fez na vida, pelo exterior ou sentimentos, até mesmo o bem, o amor demonstrado a Deus e ao próximo, tudo estava contaminado pelo amor próprio.

Descobre que manipulou as pessoas em lugar de servi-las, que construiu o seu reino pessoal em vez do Reino de Deus. Tudo foi vaidade.

> (Comentário) Este detalhe é muito importante. Devemos estar atentos quando oramos para outros ou estamos fazendo alguma pregação ou ainda praticando uma boa ação. Devemos sempre estar fazendo a leitura do nosso interior a esse respeito: É a graça que está me usando para fazer o bem ou sou eu que estou usando da graça para me sentir importante?

A graça do evangelizado é que, tendo a consciência de que Deus está nele, fica possível uma comunicação, uma abertura para receber e permitir um questionamento do seu querer com o querer de Deus, que está em seu ser, para a sua verdadeira vida.

É dentro de cada um de nós que se encontra a sabedoria e a força para a nossa autoconversão, ou seja, a vida nova após a morte do homem velho, a ressurreição porque foi possível a morte daquele que aceitou morrer.

São João da Cruz vê na vida de todo homem, Deus realizando suas virtudes: a Fé, a Esperança e o Amor (Caridade) como diretores espirituais que nos ajudam a não nos desviarmos da orientação para Deus.

Chama-as de "Virtudes Teológicas" porque nos conduzem diretamente para Deus. É seu encargo fazer-nos sair de nós mesmos e orientarmo-nos para Deus.

A Luz de Deus desmascara nosso farisaísmo parecendo-nos que Ele está contra nós.

São João da Cruz vê sempre estas Virtudes relacionadas com as faculdades da nossa mente: a inteligência, a vontade e a memória.

Cada uma das três Virtudes Teológicas cuida de cada uma das três faculdades e orienta-as para Deus. Assim:

> Quem vai cuidar da vontade é o Amor.
> A memória vai ser assistida pela Esperança.
> A inteligência vai refugiar-se na Fé.

O amor irá curar nossa Vontade

A nossa "Vontade" acostumada a colocar nosso egoísmo à frente de tudo, sendo cativada e convencida pelo Amor, vai se tornando uma vontade que passa a desejar a Deus.

A Vontade vai acontecendo, Deus, que está dentro de cada um de nós, sabe como realizar isso. Imperando a verdadeira Vontade de Deus, vai enfraquecendo e desaparecendo a Vontade por outros interesses seus.

O Amor de Deus destrói as afeições e desejos da Vontade por qualquer coisa que não seja Deus.

Eu gosto de pizza com cerveja. Eu entendo que o meu gostar de pizza com cerveja é do meu paladar e o meu gostar de Deus é pelo amor-ágape que percebo em mim por Deus. Totalmente diferentes. É muitíssimo superior a Vontade que tenho por Deus do que por pizza com cerveja. Quando como pizza com cerveja, sinto todo o meu ser louvar e bem-dizer a Deus por aquela pizza com cerveja. Sou imensamente feliz por gostar mais de Deus do que qualquer outra coisa na vida.

Gosto do meu carro, mas gosto muito mais de Deus do que do meu carro. Quando saio com o carro, como me sinto feliz em agradecer a Deus por poder ter aquele veículo e estar usando-o.

Gosto do meu apartamento, mas gosto muito mais de Deus do que dele e como sou feliz em tê-lo.

Quando sentimos Vontade de Deus somos capazes de amar com o Amor, que é Deus sendo por nós.

A memória é assistida pela esperança. A função da memória, sem a assistência da esperança, é recordar o passado. É colocar nosso ser em nível de tudo o que foi registrado durante toda nossa vida.

Desde a gestação já se começa a formar a memória com as informações que se vai recebendo. Assim fomos gerados e continuamos, no desenrolar da vida, a nos gerar em função do que somos e do ambiente em que vivemos.

Neste mundo onde Satanás reina, para aqueles que escolhem outros caminhos que não o de Deus, podemos imaginar a enorme quantidade de informações negativas que se acumulam em nossa mente. É assim que nos tornamos doentes, frágeis por termos nossa memória montada e formada por um sistema de autodestruição.

Na realidade, a memória é um local de depósito, onde nossas imagens são guardadas e processadas. Tudo que pensamos e concluímos é guardado nessa memória.

Quando a memória é assistida pela esperança, ela inverte completamente o seu costumeiro jeito de ser.

Em vez de só recordar o passado ela passa a atuar em direção do futuro. Ela passa a direcionar a sua vontade só para o futuro; não quer mais viver só do passado, embora sua leitura seja uma ajuda para o novo propósito de vida. Só volta ao passado quando ele for informação que projete para o futuro.

"A esperança" não permitirá que a memória tome posse da nossa vida como vítima do que é mau e que fomos obrigados a registrar.

A esperança, vontade de Deus para o nosso amanhã, começa a atuar, dando-nos a graça de viver hoje o amanhã que vai chegar.

Graças ao dom da esperança, nosso Interior ou espiritual, é de tal forma enriquecido de Deus, possibilitando assim, nosso Interior ou espiritual se tornar diretor espiritual do nosso Exterior ou sentidos.

Então nos tornamos outra pessoa, pois aquela que era do mundo passa agora a ser de Deus, do Reino, onde Jesus é o Senhor e o Espírito Santo nosso santificador. Vive no mundo, do mundo sem ser do mundo, porém sendo de Deus.

Toda esta vida da graça está acontecendo dentro de nós mesmos.

A vontade de Deus em nossa vida passa a ser a prioridade do nosso viver. A Palavra de Deus passa a ser necessidade, alimento que nos leva a descobrir quem somos, quem somos nós com Deus.

A fé passará a ser o refúgio da inteligência

A nossa inteligência é pequena demais para entender a Deus. Deus é grande demais para ela. A inteligência acaba desistindo de buscar a compreensão de Deus. Não sabe como dialogar com Ele. Não sabe ouvi-l'O, tampouco como falar. Por mais sublime que seja a imagem de Deus construída pela inteligência, estará longe ao verdadeiro ser que é Deus.

Sem a fé somos presas fáceis dos enganos que os homens "bem intencionados" têm de criar suas próprias igrejas com suas próprias doutrinas pelo modo de querer entender a palavra.

A fé vem ocupar o lugar da inteligência. A luz da fé é tão forte que cega a inteligência.

A fé nos leva à divina sabedoria. Somos chamados a viver na fé e pela fé. A fé pura nos leva a uma vida muito além de todos os conceitos; somos libertos das limitações da própria inteligência.

É pela fé que viverá a grandeza daquele que pode, pelo seu saber e querer, ajoelhar-se diante de Deus e adorá-l'O.

É pela fé que participamos verdadeiramente dos sacramentos, da Eucaristia, por exemplo; a inteligência não pode entender, mas graças ao dom da fé participamos da vontade de Jesus para conosco.

Será pela fé que seremos participantes fieis da Igreja, que pela sua autoridade nos faz conscientes participantes do que Cristo mandou fazer. A fé nos conscientiza de que a Igreja é que tem o Espírito Santo para fazer de nós, cristãos convertidos para o crescimento da sua Igreja como povo de Deus.

É pela fé que nos curamos, passando da vida do exterior ou sentidos para a vida do interior ou espiritual.

É pela fé que acontecerão curas interiores pela nova vida da esperança.

É pela fé que a inteligência se completa para o entendimento de Deus e da criação.

Acredito que você tem muito mais para acrescentar sobre esta verdade, como passar de uma vida no nível dos sentidos para uma vida no nível espiritual.

Enquanto, no nível dos sentidos estiver tudo bem, se torna mais difícil uma procura mais profunda e você se acomoda.

Quando se descobre que aí nada se encontra (a graça iniciando sua ação), acontecerá você se voltando para a área mais profunda dentro de você mesmo (área onde a Trindade se encontra).

Você percebe claramente, algo extraordinário, convidando-o para o que é seu.

Uma grande confusão em sua mente acontecerá: não quero voltar a ser o que era e, tampouco tenho tempo, conhecimento, sabedoria, condições para continuar ao que me atrai.

Quando pensa estar desistindo, será quando a graça o convencerá a o atrairá mais.

Fundamentos da Fé

Sem premeditar, você percebe estar deixando ser uma pessoa superficial para ser uma pessoa mais profunda, mais fundamentada nos fundamentos da fé.

> "O Espírito Santo, ao invés de animá-lo, a primeira coisa que faz é convencê-lo do pecado." (Jo 16,8).

Outra crise de desmerecimento parece tomar conta de você. Nesta caminhada ao mesmo tempo em que a alma é elevada a Deus, ela se humilha em si mesma, é a experiência que São João da Cruz revela. Enganos de supostas condutas espirituais são reveladas como sendo condutas exclusivamente para satisfazer nosso ego. Tudo vaidade. Quanto mais Deus ilumina sua alma, maior será o desespero diante de tantas correções necessárias.

> "Não vim trazer a paz, mas a espada." (Mt 10,34).

Lendo o livro: "A noite escura segundo São João da Cruz"[2], estou percebendo tal graça pelos sinais que estão me chamando à nova vida, bem como tomando conhecimento de que tenho que ser mais de Deus para ter a honra de ser um melhor instrumento d'Ele na evangelização do Seu povo, agora meu também.

Não me sinto competente, nem chamado a continuar escrevendo mais sobre este fascinante ensinamento. Creio que a intenção de Deus seja despertar os chamados a uma caminhada mais séria.

De minha parte aconselho o aprendizado pleno através do livro citado, e uma nova vida para o bem de todos nós.

Muitos ficarão agradecidos pela sua "Nova Vida em Cristo Jesus".

Tudo o que podemos saber hoje é porque outros souberam antes.

> "Alguém espera aprender de você."

Acredito não poder haver uma verdadeira Renovação Carismática se os chamados não se unirem no ardente desejo de serem iluminados, convencidos e formados pelo Espírito Santo, tal qual ela aconteceu no início. Sem se desviar da

---

[2] STINISSEN, Wilfried. *A noite escura segundo São João da Cruz*. 2ª ed. São Paulo: Edições Loyola, 2001.

doutrina da Igreja e das experiências dos santos pelas quais a Igreja é reconhecidamente rica por todos aqueles que se santificaram nela.

É urgente que não se desvie dos fundamentos e que se tenha como missão, única e exclusivamente, gerar um povo com fé fundamentada na verdade.

Orar por alguém é orientá-lo a encontrar-se com Deus, dentro de si mesmo, pela sua própria oração.

É ajudá-lo a esta experiência da Trindade que faz morada no centro da sua própria vida.

Unidade

Na Unidade

Unidade não quer dizer "UM", mas dois ou mais formando "UM". Um só pensamento, um só querer, um só realizar. Mesmo longe dos outros seu viver é em sintonia com a unidade.

Uma "unidade" quando vai se tornando maior, ela passa a ser uma "Comum Unidade, Comunidade".

Viver em comunidade é fundamental para a qualidade de vida de qualquer ser humano.

Ninguém alcança um sucesso em toda e qualquer área da sua vida se não tem espírito e vivência em grupo.

A comunidade é fundamental para a conquista dos objetivos.

Como é um comportamento de vida em comunidade

Por exemplo: no esporte coletivo, se o time não estiver em condições de aplicar variadas táticas de jogo, ele é facilmente derrotado pelo adversário.

> Lembremos que tática é conjunto e conjunto é cada um fazendo seu papel em função dos outros.

A função de cada jogador será o posicionamento correto para defender ou para receber o passe. Assim eles estarão em condição de defender, de atacar para fazer gols, cestas ou pontos saindo, assim, vitoriosos, respeitados e observados. Outros aprendem com eles.

Numa empresa tudo acontece no sentido de avaliar os objetivos e promover ações não só para alcançá-los, mas até superá-los. O gerente, competente e preparado, define o comportamento dos presentes, cada um na sua área, cumprindo seu papel programado, formando um conjunto de ações para o grande objetivo da firma: aumentar a qualidade e a venda.

Sugestões são apresentadas pelos participantes, mas quem as aceita e as coloca em prática será sempre o chefe em consenso com o grupo.

Se não existir uma unidade competente e com a disposição de cada um fazer bem feito a sua tarefa, certamente os objetivos estarão seriamente comprometidos.

Uma vez entendido, ou quase, vejamos se é possível ou não vivermos em comunidade na Igreja.

Perceba que na Igreja é tudo completamente diferente.

Quando digo Igreja, pense no seu grupo de oração ou no seu movimento de Igreja que também é de oração.

Faça uma leitura do seu interior e veja quanta dificuldade temos de aceitar o outro, ou porque ele quer fazer tudo sozinho, ou porque ele é displicente, não sente a importância da responsabilidade.

> Sabemos que não devemos ficar olhando e processando os defeitos dos outros, ou seja, a diferença que existe entre nós. Elas realmente existem e nos parecem gritantes. Por incrível que pareça isto é um problema para todos aqueles que querem fazer parte de um núcleo, de uma célula ou de uma comunidade.

Não podemos esperar que todos fiquem do jeito que gostamos. Jamais vamos ser e ter uma comunidade, ou seja, uma bela união entre nós. Jamais vai existir entre nós uma união que nos torne capazes de realizar aquilo que se espera:

> "Instrumentos para que aconteça as graças de Deus aos chamados para a nossa reunião."

Se nos comportarmos, mesmo que delicadamente, na correção dos defeitos dos outros, vamos propiciar críticas, julgamentos, desentendimentos que resultarão em desunião do grupo.

Da desunião vem o fracasso, as desistências dos frequentadores novos, o abandono dos antigos, o grupo vai diminuindo e todos vão perdendo o gosto pelas reuniões.

Esta é uma realidade conhecida por todos nós.

Quando dentro de nós, acontece uma crítica pelo comportamento de um companheiro, podemos ter a certeza de que nosso jeito de ser é exatamente do jeito que nos leva a criticar.

Por exemplo: se acharmos que ele, ou ela, fala demais, podemos estar certos, quando o microfone cair em nossas mãos falaremos também demais e não perceberemos.

Somos severos, radicais, exigentes com os outros e não sabemos ser assim conosco mesmos.

Não havendo comunhão entre os componentes do núcleo, a espiritualidade praticamente não existirá e, assim, tudo acontecerá pelo racional, já que o Espírito Santo não encontra espaço para agir.

Sem a ação do Espírito Santo, sabemos quão tristes é uma reunião. A reunião que foi destinada a proclamar uma total e irrestrita entrega nossa ao comando de Jesus, será trocada por uma reunião conduzida pelo 'EU' do dirigente.

Não seremos tocados, pois faltará a unção de Deus ao coração, ou seja, ouviremos uma pregação sem convicção, sem vida. É triste, muito triste e muito comum de acontecer.

— *Superando a realidade que somos.*

Primeiro: estando eu preparado, ou seja, conhecedor dessa realidade que sou, ciente de que minha pessoa não está atuando para o crescimento da obra da salvação, pelo contrário está indo contra a vontade de Deus.

Tal leitura já é o Espírito Santo vencendo em mim e me capacitando a uma conduta inspirada de ajuda aos irmãos. Agora sim, de coração, os chamamos de irmãos.

Seremos instrumentos para que todos tomem consciência desta realidade e se disponham a uma nova maneira de caminhar juntos, com o único sentido de enriquecer todo o grupo no Espírito.

— *Fundamentos para minha mudança.*

Encontrados tais fundamentos, estes, através de mim, vão se tornar de todo o grupo.

Jesus disse: "Quem não está comigo, está contra mim; quem não colhe comigo, espalha". Disse ainda: "Pai, que eles sejam um como nós somos um".

Trindade: três Pessoas poderosíssimas por serem fortemente unidas a ponto de se tornarem um.

Uma poderosa vida para a mesma causa é sobre a nossa unidade que Jesus está falando. É assim que Ele nos quer. Se Ele assim nos quer é porque Ele sabe como fazer. Nossa união será gerada, acontecida pela Sua presença no meio de nós e todos nós numa união por estarmos todos voltados para Ele. Todos partilhando as riquezas que d'Ele recebemos.

Assim, nós que somos, e continuamos a ser, cheios de imperfeições, falhas, defeitos e de diferenças tão grandes, nada disso vai roubar de nós a unidade pois, estaremos todos voltados para Jesus.

A vida de cada um de nós será de um enriquecimento tal, pois ela será exatamente aquilo que o irmão mais precisa de nós.

A vida de cada um de nós será uma vontade de ser para o irmão, para orientá-lo e atendê-lo naquilo que ele está convencido: "Vontade de se entregar a Jesus".

Jamais iremos nos desanimar por causa das diferenças entre nós, pelo contrário, seremos capazes de mandar tudo às favas, pela grandeza da obra a realizar e pelo estado de graças que nos encontramos.

Não vamos mais ficar julgando o irmão pelas suas falhas, sentiremos por elas maior necessidade de nos entregarmos a Jesus para que por nós, Jesus o liberte de seus enganos. Jesus faz questão de contar conosco e que participemos com Ele da Sua Missão: tornando-nos corredentores da salvação com Jesus.

> Deus coloca em nosso coração que quem abandona a missão está se desligando d'Ele também.

A graça, a cura, a libertação proveniente de Jesus circula, passa de um para o outro para gerar uma comunidade sadia n'Ele. Se você, por culpa sua, interrompe esse fluxo de amor de Deus, você estará sendo contra o querer de Jesus.

É fácil de entender, não é? Se assim ficou fácil entender vai ser mais fácil você se tornar uma bênção de Deus para o seu grupo. Este 'ser uma bênção de Deus', inicia pela sua oração de entrega e de louvor a Deus que é Pai, que é o Filho e que é o Espírito Santo.

> Lembre-se: "Entregar-se" é ter a consciência de estou mais para errar de novo do que acertar.

Quando Pedro e João foram para falar de Jesus no Templo, eles não tinham ideia de como fazê-lo, mas o fizeram com coragem e alegria.

Vendo o aleijado na porta, Pedro percebe claramente o que devia fazer para entrar com poder no Templo.

> "Ouro e prata não tenho, mas o que tenho eu te dou; em nome de Jesus Cristo, levanta-te e anda."

Assim puderam falar com aquela eloquência de ungidos.

> *"Os chefes dos sacerdotes, os anciãos e os escribas ficaram admirados ao ver a segurança com que Pedro e João falavam, pois eram pessoas simples e sem instrução."* (At 4,1-21).

Na Parábola do Bom Pastor, Jesus deixa claro que Ele é o Pastor. Pastor de ovelhas, não pastor de gatos, cães, leões, cabritos, animais que não sabem partilhar suas conquistas, não conseguem ser dependentes uns dos outros.

As ovelhas têm sua natureza de dependências uma das outras. Não têm condições de vivência solitária. Quando uma se perde das outras, ela não consegue mais reencontrá-las dado sua pouca visão, pouca espertza e destreza. A ovelha só sobrevive tendo e seguindo seu pastor. É o pastor que sabe tudo sobre as ovelhas e só ele sabe como explorar a importância delas.

As ovelhas caminham lado a lado uma das outras, se tocando, sentindo a proximidade entre elas. Cada uma com seu sininho fazendo barulho, como que avisando sua proximidade da outra. Algo lindo entre as ovelhas é que algumas, mais especiais, vão à frente das outra pela sabedoria de reconhecer o pastor.

Jesus está nos ensinando que devemos imitar, como pessoas racionais que somos, o modelo de vida das ovelhas. Jesus quer Sua Igreja nessa unidade, se fazendo uma comunidade, com suas lideranças obedientes ao seu caminhar, sendo assim, conquistadores da confiança para os que querem fazer parte do chamado de Cristo para a conversão.

"E muito mais do que possamos imaginar."

Mário Machado

O trabalho de cada um de nós, que fazemos parte de uma unidade consciente, será permitir que Jesus continue, por nós, o que começou pelos Apóstolos. VOCÊ CONCORDA?

Seminário de Vida no Espírito Santo

Preparando-se para os dons do Espírito

SEMINÁRIO: Reunião para se tratar de assuntos mais avançados do que o costumeiro; tomada de conhecimentos novos e mais avançados; consolidação do já conhecido; anúncio de novas práticas descobertas e praticadas por outros; prenúncio de novas facilidades para melhores dias; descomplicação para alcançar melhores resultados... e muito mais do que se possa imaginar.

DE VIDA: De vida significa você e eu; quem é você e quem sou eu; o que você e eu podemos fazer para uma vida melhor; o que estamos perdendo por não ser o que podemos ser; como reparar hoje o nosso amanhã. Uma maior atenção por se tratar daquilo que só diz ao nosso respeito; conhecimento da vida do hoje para saber como será o amanhã; crescer no desejo do amanhã pela sabedoria do viver hoje; o que mais você acrescentaria?

NO ESPÍRITO SANTO: A combinação "NO" significa estar dentro de. Portanto, aquilo que é capaz de me ter é mais e maior do que eu. Maneira pela qual vai ser possível a realização daquilo que se tornou o meu sonho nesta vida; única possibilidade de ser aquilo que sinto poder ser; faço total comunhão com a vontade de alguém que quer ser comigo aquilo que devo e quero ser; conscientização de que por essa união será possível, através de mim, a realização da vontade dele que se tornou a minha também; se aquele a quem ofereço a condução da minha vida, sendo ele a plenitude do BOM, de antemão já sei que passarei a praticar o bem que quero deixando de praticar o mal que não quero.

Neste Seminário de vida no Espírito Santo você vai conhecer perfeitamente o seu lado espiritual e a possibilidade de ser, por ele, de maneira natural. Saberá percebê-lo e, cooperando com ele, estará realizando uma verdadeira evangelização: ensinando pelo Espírito para quem necessita ouvir pelo Espírito.

"Eu vivo mas, não sou eu que vivo, é Cristo que vive em mim."

Você encontrará neste seminário o enorme prazer de levar ao povo do seu grupo uma NOVA UNÇÃO, de você para eles.

Você irá falar pelo Espírito, sobrenatural para o racional, de maneira perfeitamente natural.

Os ouvintes, de maneira natural estarão permitindo e aceitando o sobrenatural, o Espírito.

"O Espírito Santo vos convencerá."

Convencerá o nosso racional, entender sem ter dúvidas, aceitar sem resistência, permitir com alegria.

"No Espírito" é concluir: Não sei o que seria de mim sem Deus. Vou conhecer minha nova vida, a vida criada por Deus, por experiência d'Ele na minha própria vida.

Neste Seminário, aplica-se o "Querigma", O anuncio da Boa-nova.

O anúncio da Boa-nova consiste em aprofundar nos mistérios de Deus e nossos da:

Criação e Recriação – Pecado – Salvação – Quem realiza a minha salvação? – Como e para que permanecer vivendo como salvo?

O objetivo a ser alcançado neste Seminário de Vida no Espírito é o perfeito entendimento do "Para que" tudo isto. Isto é fundamental pois, não alcançando o "para que, você vai continuar na mesma: Por que tudo isto?"

É fundamental que você saiba, com convicção, de onde você veio, para que você está aqui, e para onde você vai. Tal sabedoria do seu próprio ser, o que você é e para onde você vai, será o grande presente de Deus para você, que vai colaborar, com a abertura do coração, ou seja, vai querer crer na Palavra do Evangelho de Jesus Cristo como verdade e vida. Tudo acontecerá pela graça de Deus; Ele se doa, para que possa, com a sua colaboração, realizar a vontade d'Ele e que, através do seu viver, percebam ser Cristo vivendo por você.

Crendo, você aceitará tudo o que é do espírito ao seu respeito. O Espírito Santo, sobrenatural para o seu racional, convencerá o seu racional tornando-o, assim, um vivente pela Verdade Revelada. "Eu sou o Caminho, a Verdade e a Vida".

Fundamentos da Fé

Você perceberá claramente a transformação do seu modo de viver pela sua nova maneira de pensar, julgar e agir; o gosto de pertencer e participar da Igreja; a necessidade de crescer nos conhecimentos espirituais; a nova maneira de entender e querer assimilar a mensagem do Evangelho.

Perceberá o quanto Jesus espera da sua ajuda na salvação de outros escolhidos.

Enfim, sua vida nunca mais será a mesma. Será uma vida de constante louvor e glória a Deus em todos os momentos: bons ou maus, positivos ou negativos. Na alegria ou na tristeza sua vida será um constante louvor.

Você está pensando que isto é papo furado? Utopia? Isto é muito bom. Pior seria se você dissesse que isto seria fácil. Não, não será fácil se deixar ser transformado de maneira radical o seu jeito de ser. Prepare-se para colocar todo seu esforço sabendo ter uma resistência natural, encarnada em você, a qual estará sempre o desestimulando. Não vai ser fácil, repito, a proposta de vida é sobrenatural, desconhecida, pois é pelo espírito; muitas barreiras terão que ser derrubadas.

A vida nova será uma batalha constante para se poder perseverar nela. Prepare-se para uma guerra interior: um lado vai dizer, vai, o outro, sai dessa, isso não é para você. Sentirá, como que por obrigação deixar coisa que sempre foram parte do seu viver. Perceberá claramente, suas limitações e não saberá como livrar-se delas. Encontrará com o seu eu pecador, seu jeito grosseiro, suas manias desordenadas na medida em que for entendendo e sentindo a ação do Espírito na sua vida. Por aí você já pode imaginar a dureza que vai ser essa luta interior; você contra você para chegar ao seu "Eu" desejado.

A Graça de Deus ajudará e você sentirá. Junto com essa revelação uma capacidade e vontade de orar, dialogar com Deus Pai, Deus Filho e Deus Espírito Santo, sobre a necessidade e a dificuldade da entrega da sua vida a Deus. Coisas lindas acontecerão como fruto da sua reconhecida incapacidade na correção das suas desordens. A Igreja passará a ser um ambiente importantíssimo para a empreitada da nova caminhada. Os sacramentos passarão a ser necessidade para fortalecimento dos propósitos da sua caminhada na sua consagração à vontade de Deus.

Bem, muitas outras coisas poderiam ser ditas, mas elas serão ditas por você através da nova expressão da sua vida. Vamos lá então? Tudo compreendido? Então, mãos à obra.

Vou deixar as cinco partes importantes para esta caminhada sua com Deus.

Lendo, uma de cada vez, e sentindo ter perfeitamente assimilado esse contexto, passe então para a parte seguinte e prossiga até a última.

Antes de começar a ler lembre-se: "Vou tomar conhecimento de algo que é sobrenatural, divino, de Deus para mim; eu vou voltar a ser como sempre fui no Coração de Deus, do jeito que Deus me criou".

Ore, converse com Deus sobre isso. Confesse sua pequenez a Ele diante de tão grande verdade que você é. Considere ser incapaz de recuperá-la. Suplique a Deus a graça para corresponder e aproveitar a misericórdia d'Ele.

Diga: "Eu me entrego a Ti, Senhor para que realizes em mim conforme a Tua vontade".

> "Eis-me aqui Senhor, para que Tu me convenças a entregar-me mais e mais ao Teu Santo Espírito."

Agradeça também, pois este é o momento que tanto desejou Deus estar intimamente com você.

Agora você está em melhores condições para penetrar nos mistérios entre Deus e você.

Primeiro: "A CRIAÇÃO E RECRIAÇÃO".
Segundo: "O PECADO".
Terceiro: "A SALVAÇÃO".
Quarto: "QUEM REALIZA A MINHA SALVAÇÃO".
Quinta: "COMO E PARA QUE PERMANECER VIVENDO COMO SALVO".

CRIAÇÃO

A criação e a recriação

Primeiro passo para o Seminário de Vida no Espírito Santo.

Se você está neste seminário é porque você existe. Se você existe... alguém o criou, ou seja, alguém o gerou, alguém produziu você e só podia ser Ele porque só Ele existia. Esta é a verdade, você existe porque alguém tirou dele próprio para fazer você.

Você, portanto, é a imagem e semelhança d'Aquele que o criou. Ele nem precisava lhe dizer; pelo seu existir você já pode entender que é aquele(a) que Ele quis; Ele podia tê-lo; podia criá-lo; o criou.

Todo este processo da sua existência é fruto da vontade de um criador de vidas, pela sua própria natureza de ser vida. Aquele que cria de si, cria para amar o que criou e para ser amado pela criatura criada.

— *Amar: tudo o que é meu é seu inclusive eu.*

Quando você apresenta a sua certidão de nascimento, fica declarado publicamente de quem você é filho.

Quem faz questão de gerar este documento são seus próprios pais. Seu pai e sua mãe se declaram que você é nascido deles.

Tal documento é válido para declará-lo como herdeiro de todos os seus bens.

Enquanto criança, você vai viver na total convicção de ser filho dos pais que o criam e viver, com eles, na intimidade de um mesmo lar.

— *Família: Tudo o que é de um é de todos ao mesmo tempo.*

O tempo vai passando, você vai crescendo, e o relacionamento em casa vai ficando de maneira diferente; diálogo para programar ideais a serem conquistados. Os pais sentem a felicidade de poder ajudar os filhos a alcançarem seus objetivos, seus sonhos.

Os sonhos dos filhos passam a ser também os sonhos dos pais e muitas vezes o sonho dos pais vira também sonho dos filhos.

Pegue a sua *Bíblia*. Pegou? O que você tem na mão? Você tem em suas mãos a certidão da sua existência, do seu nascimento. Deus se declarando, pela Sua própria vontade, ser o seu Pai. Você é nascido de Deus. Deus o quer com Ele. Ele quer que você sinta a presença d'Ele dando ideias para o seu caminhar de realizações. Ele quer que você experimente o quanto um Deus que é Pai pode ajudá-lo, ajudá-la. Tudo isso Deus escreve é para você tomar conhecimento de algo que a humanidade perdeu, e dentro da humanidade está o seu filho predileto, "você". Pela Palavra você entenderá e experimentará: o que era para você ser, tornou-se possível refazê-lo – A Recriação.

> A *Bíblia* é a vida de homens e mulheres pelos quais Deus declara estar disposto e pronto para iniciar a sua recriação, o seu retorno a Ele como filho(a) vivendo, agora, com Ele, seu Pai. A criação retomada.

Essa retornada à primitiva vida será o motivo de toda a sua posterior caminhada espiritual após este seminário. Por isso é que ele se chama: Seminário de Vida no Espírito Santo ou seminário de retorno à vida recriada pelo Espírito.

Sua vida não será mais a mesma, pois você permitirá que o Espírito Santo a conduza.

— *Eu e o Pai somos um.*

A ajuda de Deus vai conquistando você e o seu amor por Ele vai se tornando realidade. Você e Deus vão se tornando uma só vontade, um só querer. Deus está na sua vontade porque a sua vontade é a mesma que a d'Ele.

Na verdade não será só Deus que vai ajudá-lo, você é que se apropriará também da ajuda de Deus; daí a necessidade de crer para ser íntimo de Deus. Ele quer lhe ensinar a aceitá-l'O, cooperar com Ele e desejá-l'O como senhor e mestre da sua vida.

Deus é amor e o amor sabe o que é bom e melhor para o amado.

Deus quer que aconteça na sua vida o que aconteceu na vida do profeta *Jeremias*: *"Seduziste-me Senhor, e eu me deixei seduzir"* (Jr 20,7).

Deus o chama a ser com Ele exatamente o que Ele é: Santo.

Fundamentos da Fé

"Sede santos, porque eu, o Senhor vosso Deus (e vosso Pai), sou santo." (Lv 19,2b).

Na medida em que Deus vai realizando a sua vida pelo seu viver, você vai se encontrando com a sua verdadeira identidade, sua personalidade cristã.

Sou como fui criado. Nasci de novo.

Na medida em que você vai encontrando, pelo seu viver, essa verdade, você vai se apaixonando pela Palavra. Toda Palavra, Antigo e Novo Testamento, vai se tornando vida pela sua vida, honrando e glorificando Jesus Cristo e Sua Igreja. Cristo e Sua Igreja serão reconhecidos pela expressão da sua vida; testemunho que o mundo precisa ver.

— *A vida de Jesus é a consolidação da verdade: Deus existe e é o seu Pai.*

Lembre-se: só se reconhece a mentira quando comparada com a verdade.

Deus amou tanto você que lhe deu Seu Filho único para que crendo n'Ele você tenha a vida eterna.

Lembre-se: Palavra de Vida porque ela foi experimentada pelos escolhidos, eles a viveram e daí escreveram como foi o viver deles. Escreveram exatamente como viveram, e nos contam isso como verdade experimentada. Escreveram o que eles sentiram pelo viver vivido sentindo que era exatamente o que Deus queria deles. Escreveram a vontade de Deus, vivida por eles, para que seja também vivida por você conforme eles viveram.

Na medida em que Deus vai sendo seu Pai, a Palavra vai se tornando uma necessidade na sua vida. É a Palavra acolhida que vai se tornando a fonte da sua nova vida. Vida com Deus, por Deus e em Deus.

"Eu vivo, mas não sou eu é Cristo que vive em mim." (Gl 2,20).

Essa grande verdade, que era mistério e até impossível seu entendimento, se torna, agora, perfeitamente possível de vivê-la pela fé que sobrepõe o entendimento.

A primeira fase de autonomia de uma criança é ficar sentada. Quando ela vai dominando tal posição, o andar das outras crianças a faz querer andar também. Faz o esforço que pode e consegue ficar em pé. Já estava felicíssima por ficar em pé, mas ainda não totalmente feliz. Uma vez dominada esta postura, vai arriscar o primeiro passo. Primeiro passo não foi suficiente, vamos para o segundo e assim por diante ela vai realizando a sua tarefa para passar para a outra fase: de nenê para criança, de criança para menino (a).

Aceite como exemplo esse caminhar da sua libertação. Quando estiver firme no entendimento e sentir alegria e a necessidade de louvar e agradecer a Deus pelo avanço dado, vá então, com aquela vontade que Deus vai lhe dar, para a nova etapa. Etapa do aprofundamento necessário.

Quando terminar todas as etapas deste seminário, você se sentirá em condições, motivada por uma santa alegria, de iniciar sua outra e nova etapa de vida pela verdade aceita.

O seminário começa a ser vida em você e por você. Você existe e sabe quem é seu verdadeiro e único Pai.

Você vai fazer uma grande experiência de uma nova vida no Espírito. Viverá de maneira natural percebendo e conhecendo o sobrenatural, Deus e você, você e Deus.

Entre você e Deus haverá um constante relacionamento pelos quais você será seduzido e conquistado para novos avanços na perfeição da imitação de Cristo, conforme a Palavra.

O prazer de ser bom, justo, será a alegria do seu ser. Praticar a justiça será ajudar outros a se encontrar com a Verdade encontrada por você. Você saberá como fazê-lo, graças a Deus. Então: viva a vida nova!

> A recriação começa a ser verdade; você passa a ser a verdade. O filho pródigo volta para os braços do pai. Você experimentará o aconchego dos braços do Pai. O Pai sentirá sua felicidade n'Ele. Deus será glorificado pelos homens por causa de você.

O PECADO

Ação cometida pelo pecador

Segundo passo para o Seminário de Vida no Espírito Santo.

O PECADOR: Aquele que rompe a sua união íntima e vital com Deus. Este rompimento pode ser por esquecimento, por ignorância ou rejeição consciente do próprio homem. Tal fato pode ter origens diversas: revolta contra a realidade, falta de informação ou indiferença religiosa, preocupações com coisas do mundo, riqueza ou necessidades, resultados de relacionamentos e tantos motivos mais.

O pecador, consciente ou inconsciente, se esconde de Deus e foge diante do Seu chamado.

"Afasta-te de mim, Senhor, porque sou um pecador." (Lc 5,8).

O diabo é o primeiro pecador por opção dele próprio.

"O diabo é pecador desde o princípio." (1Jo 3,8).

Devemos nos recordar que todos os pecadores foram os autores da Paixão de Jesus Cristo; considere que os seus pecados já cometidos, somados aos de hoje e aos de amanhã, atingirão o próprio Cristo.

O pecador, quando em estado de pecado, não permite a ação de Deus em sua vida; perde a condição da capacidade de orar, relacionar-se com Deus; não sabe se lembrar de Deus.

Busque o maior entendimento que você puder para com este tema, pois, é fundamental para o entendimento da grandeza dos dois subsequentes.

— *Vamos falar de você.*

Você é um pecador pela própria natureza. Você foi gerado no pecado. Você é filho, neto, bisneto e daí por diante de casais também pecadores. Você é herdeiro do vírus do pecado. A capacidade perfeita do saber pecar faz parte do seu ser.

Veja: alguém precisa ensinar você a roubar, mentir, fofocar, dar falso testemunho, invejar, orgulhar-se, ser corrupto, etc.? Não, ninguém precisa ensinar você. Certo? Você é um dos maiores e melhores pecadores da face da terra. Ninguém é capaz de pecar tão bem como você. Estou sendo exagerado? Você nunca se magoou, nunca ficou com raiva, nunca odiou? Quando isso acontece é porque você é um 'pecador pecando'. Grave bem estes termos: 'pecador pecando'.

PECADOR PECANDO: é uma pessoa fraca, vulnerável, sujeita a todas as modificações possíveis, até climática; perde a alegria por causa do frio ou do calor; perde a alegria porque seu time perdeu. Entra em depressão por tristezas humanas; não tem como enfrentar as diversidades da vida. Não consegue parar de fumar mesmo consciente do mal. Não sabe ser diferente do que é; não consegue perceber suas falhas.

Você é um pecador; você é tudo isso e muito mais ainda. Você está sempre pronto para 'chutar o pau da barraca', para não gostar do que viu e do que vai ver. Se um bandido é morto, você vibra; se um político corrupto é descoberto, você deseja que ele seja preso. Entendo que estes até possam ser desejos de 'justiça', entretanto, saiba que você também é capaz de cometer tudo de ruim que passa nos telejornais, e até com maiores detalhes também.

Quem pratica atos pecaminosos são os pecadores pecando. Você é um exímio pecador, também poderá fazer como eles e até mais.

Você é capaz, agora, de rever seus pensamentos pecaminosos, aqueles já imaginados?

Saiba, tê-los é normal. Agora você não é capaz nem de imaginá-los nem de lembrá-los, pois neste exato momento você é um pecador que não tem condições de pecar; é Deus sendo Deus por você.

> Lembra do que o Apóstolo *Paulo* disse: "Eu vivo, mas não sou eu, é Cristo que vive em mim."

Paulo deixou de fazer o que ele achava certo para ser e só fazer o que Deus queria fazer por ele.

Na verdade, os desequilíbrios que atormentam você e o mundo moderno se juntam com aquele desequilíbrio radicado no seu coração. Assim é com todos os que vivem neste mundo.

Fundamentos da Fé

No seu coração, como em todos os corações, trava-se uma luta entre duas partes: a que atrai para as coisas "BOAS" do mundo e outra que tenta puxar para as coisas sublimes, do alto.

O homem sofre, assim, a divisão de si mesmo; "deixo de fazer o que quero e faço o que não quero".

> Você conhece aquela estória do menino que pergunta ao pai:
> — Pai, parece ter dentro de mim dois cães. Um calmo, alegre, brincalhão, bonzinho; dá gosto brincar com ele. O outro, bravo, violento, só quer morder e estraçalhar tudo e o pior, ele quer matar o outro. Pai?
> — Fala, filho!
> — Qual o senhor acha que vai ser o vencedor em mim?
> O pai respondeu-lhe:
> — Filho, vai vencer aquele que você alimentar mais.

Esta história é perfeita, pois retrata o que acontece com você; você que está conhecendo Cristo melhor.

Perceba em você essa verdade. Convença-se de que você é forçado por dois lados a ser por um deles. Um sugere o Reino: ser bom, engolir em seco, como se fala, tenha paciência, tolere, calma, não, isso não é certo, e assim por diante; o outro tenta convencer você ao contrário: não seja bobo, dê logo um basta; experimente, e se não gostar você para a hora que quiser, não vá na conversa deles, etc. (continue exercitando na sua leitura desses dois lados em você).

Para que lado você vai se deixar levar será de acordo com a sua vontade, do seu querer que será sempre conforme a sua sabedoria ou ignorância espiritual. Tudo isto que está sendo revelado se trata exclusivamente de você. Você é isso.

Você precisa tomar consciência da sua natureza pecadora com tranquilidade. É por causa dela que Cristo está acontecendo na sua vida; é por causa dela que você está lendo isto agora. É Deus querendo ser Deus com você e por você. É Deus querendo que você O experimente no seu viver.

> Atente para este detalhe e verá quão lindas e compreensivas serão as outras duas etapas deste seminário.

A Palavra diz que você foi constituído por Deus em estado de justiça (prazer em ser intimo de Deus na obediência), contudo instigado pelo Maligno, desde o princípio da criação, você abusa da própria liberdade. Levanta-se contra Deus no intuito de ser como Ele; faz-se independente d'Ele. Apesar de saber quem é Deus, você não O glorifica como "seu Deus". Seu coração insensato se obscureceu e você passou a servir a criatura ao invés do Criador. É o que diz a Igreja na sua sabedoria divina.

Isto é muito importante ser do seu pleno conhecimento.

Você já ouviu falar de mundo e reino; sabe também que o príncipe deste mundo é Satanás, o Diabo.

Deus, na Sua infinita misericórdia, instalou o Seu Reino no mundo proporcionando aos escolhidos a vida de libertos do mundo para poderem oferecer suas vidas a Deus e participarem da vida do Reino.

É fácil, muito fácil perceber em você as duas opções: estou obedecendo ao mundo ou sendo do Reino? Vejamos. Quando alguém o ofende, você fica inconformado, magoado ou até mesmo irado? Tal estado da alma não é próprio de quem é do Reino, certo? Então você está sob o comando ou controle do mundo o qual age de acordo com a vontade do diabo. Ficou triste por algum motivo? Não vou com a cara daquela pessoa! Não gostei do que ele falou! Entre marido e mulher quanta coisa um não gosta do outro! Você ainda diz: Isso não se faz nem pra cachorro; e fica todo irado. Portanto, toda vez que você se sente desgostoso porque algo não está como queria; você está agindo conforme o mundo programado por Satanás. Ele, o diabo, determina a sua reação.

Faça essa triagem no seu dia a dia e verá o quanto você é mais do mundo do que do Reino. Isso será de muita utilidade para ir deixando o Espírito fortalecê-lo na luta pela santidade (vida que testemunha a presença do Senhorio de Jesus).

Quem tem medo do diabo é porque não permite o Senhorio de Jesus na sua vida. Quem teme o diabo sabe da importância de ter Jesus como senhor da sua vida; sabe ser um servo de Deus.

> Lembre-se: sempre que você não estiver pensando ou agindo conforme o Reino, você está sob o controle do mundo, do diabo. A todo o momento submeta-se a este questionamento.

A melhor coisa para o crescimento da sua vivência como filho ou filha do Reino, filhos de Deus é entender, aceitar e ensinar outros perdidos no mundo tal compreensão que você está tendo agora.

Toda vez que você toma uma atitude, gesto ou palavra, que não seja conforme nos ensina Jesus pela Sua Palavra, você é um "pecador pecando". Se não for por atitude ou palavra e sim por pensamento, você é um "pecador pecando".

> "Eu, pecador, me confesso a Deus Todo-poderoso e a vós irmãos e irmãs, que pequei muitas vezes, por pensamentos, palavras e obras. Por minha culpa, minha tão grande culpa..."

Quando algumas pessoas vêm censurar atitudes cometidas por outros a você; se você der corda para que ela se sinta plenamente satisfeita pelo que está falando, você e ela são "pecadores pecando". A sua falta de conhecimento espiritual será mais prejudicial a você do que a ela, pois, além de você estar ridicularizando a si próprio, você alimenta a ignorância dela, ou seja dá a ela todo o seu apoio, a sua aprovação.

Você é assim? A totalidade de nós, se não somos, já fomos assim. Ser assim é normal, todos vivemos do que o mundo nos ensina.

> Atenção: "Ser assim é normal?" Sim, é verdade. Recordo-me as palavras do Apóstolo *Paulo*: "*Eu vivo, mas não sou eu, é Cristo que vive em mim.*" Entende porque é importante assimilar esta verdade? Paulo continuava sendo Saulo, mas, agora quem comandava a vida dele não era mais o Saulo e sim Cristo sendo Paulo pela permissão de Saulo. "*Sem mim nada podeis.*"

Se você não tiver essa abertura de coração aos propósitos de Jesus, você vai dar um péssimo testemunho da sua caminhada como cristão católico. Esse é o grande problema; convivemos com pessoas de caminhada, mas de comportamentos comprometedores e desanimadores. Ajudá-las é obra daqueles que souberam acolher ajuda dos irmãos iluminados pelo Espírito Santo de Deus a serem, como eles, luz de Cristo para o seu convívio.

> "Cristo veio para os pecadores, para os doentes e não para os sãos."

Jesus veio para você saber que é um pecador que peca, mas pode deixar de pecar; com o tempo, vai diminuindo a proporção do pecado se você quiser colaborar com a graça de Deus que se oferece.

Assim como o seu jeito pecaminoso de ser contamina aqueles com quem você se relaciona, o seu agir de modo cristão vai ajudar a muitos a se converterem para o Cristo visível em você. É desse modo que os escolhidos, como você, são atraídos para encontrar na Igreja o Cristo que transforma vidas escravas do mundo em vidas libertas que se oferecerem a Ele. Assim como você, pecador pecando, vai multiplicando a miséria no mundo; conquistado para a vida da graça, vai, agora, embelezando o mundo com sua vida transbordante de paz, alegria e esperança. Você viverá no mundo, viverá do mundo, mas não será do mundo; será do Reino. Viverá para o Reino sendo pecador que não conseguirá mais pecar.

Se não permitir acontecer a graça da vida no Espírito dedicada especialmente para você, saiba: você continuará sendo sempre um mal-humorado (a); só saberá colocar defeitos em tudo e em todos.

Pode ver que tudo isto é pura verdade; verdade por causa do "pecador pecando".

> Se estiver tendo a capacidade de bater no peito e reconhecer: "Pequei, Senhor, perdão, misericórdia". Agradeça a Deus por toda realidade revelada e compreendida por você sobre a sua vida. Louve e agradeça a Deus; faça sua oração de entrega a toda cura de libertação oferecida a você por Jesus.

A SALVAÇÃO

Terceiro passo para o Seminário de Vida no Espírito Santo.

"Deus, na sua sabedoria e bondade, criou todo o universo e decretou elevar os homens à participação da vida divina. Os homens, caídos em Adão, não os abandonou, oferecendo-lhes auxílios para a salvação em Cristo, o Redentor, que é a imagem de Deus, o primogênito de toda criatura." (Col 1,15).

Deus criou você para fazê-lo participar da Sua vida bem-aventurada. Eis porque, sempre e em todo lugar, Ele está ao seu lado chamando a procurá-l'O, a conhecê-l'O e a amá-l'O. Faz isso através do Filho enviado como Redentor e Salvador, Jesus Cristo.

Deus, na Sua vontade de dar a você uma salvação superior, manifestou-se a si mesmo no meio de nós, para Ele mesmo realizar Seu sonho: salvar você. Toda história de Deus no meio dos homens, todo relacionamento d'Ele com os homens foi, é e será para a sua salvação. Você não pode negligenciar tal verdade. Pense nisso. É pelos salvos que você, hoje, está sendo salvo.

Você está dividido em si mesmo; uma luta dramática entre o bem e o mal, entre a luz e as trevas. A sua fraqueza o faz incapaz de vencer os ataques do mal que habita em você.

O próprio Jesus veio para ser a sua força, renovando-o interiormente e expulsando de você o encardido que o mantém na escravidão do pecado. Jesus, como senhor da sua mente, o torna maior que as tentações, pois só assim o pecado é evitado. Você é tentado, mas tranquilamente opta por agradar a Deus ao invés do mundo. Para que Jesus seja o Senhor da sua salvação, Ele quer fazer de você "Seu servo". Não poderá existir o senhorio de Jesus na sua vida, não sendo você servo d'Ele.

Tudo isto é verdade pelas vidas de homens e mulheres que deram testemunho da fé conhecida pelo Antigo e Novo Testamento como também pelos contemporâneos. A Salvação vem da misericórdia de Deus. *"Serei para você um pai, e sereis para mim um(a) filho(a) diz o Senhor todo poderoso"* pelo Apóstolo Paulo. Deus pode e quer ser isso para você.

Toda sua ignorância espiritual será substituída pela Sabedoria Divina na medida da sua intimidade com Deus. "Seduziste-me Senhor e eu me deixei seduzir."

— *Onde excede o pecado, superabunda a graça.*

Você, como criatura inteligente, irá caminhar para o seu destino último por sua opção livre e amor preferencial a Deus.

É Deus quem desmascara o pecado em sua vida. Não tente ignorá-lo ou dar razões a ele; ele será desmascarado na sua verdadeira identidade de recusa e oposição a Deus.

"Jesus" quer dizer, em hebraico: "Deus Salva". "Cristo", em hebraico é "Messias", que quer dizer "Ungido". O anjo Gabriel dá-lhe como nome próprio o nome de Jesus, deixando claro sua identidade e missão.

Uma vez que só Deus pode perdoar os pecados, é Ele que, em Jesus, Seu Filho, "salvará Seu povo dos pecados". O pecado é uma ação de quem não quer conhecer a Deus, portanto só Deus pode perdoá-lo. Perdoá-lo significa: Deus se doando a você, tornando-o conhecedor do mal, podendo, então, rejeitar a intenção de pecar.

O nome de Jesus significa que Deus Pai está presente na Pessoa do Seu Filho feito homem para a sua salvação definitiva.

A ressurreição de Jesus glorifica o nome de Deus Salvador; a partir de agora é o nome de Jesus, "acima de todo nome", que manifesta o poder de Deus salvando você.

O Verbo se fez carne exclusivamente para salvar você, ou seja, para que você tenha condições de rejeitar o pecado. O Verbo se fez carne para ser o seu modelo de santidade. O Verbo se fez carne para tornar você "participante da natureza divina". Isso é salvação a partir de agora e para sempre com você perseverando em Jesus. Salvação não é só para ir ao céu após a morte; salvação é o céu iniciando agora.

Lembre-se: Jesus se fez Carne para realizar "nela" a sua salvação. "Sem mim nada podeis."

— *O batismo da graça.*

São João Batista, o precursor, foi enviado para anunciar a você: "Eis o cordeiro de Deus, aquele que tira o pecado do mundo". Tira de que jeito? Fazendo você consciente do mal pelo afastar-se de Deus. É assim que Jesus realiza o Reino de Deus na face da terra: gerando pecadores que não querem mais pecar. Você é um feliz convidado a pertencer ao Reino de Deus neste mundo. Você viverá no mundo, do mundo sem ser do mundo. Será de Deus.

Jesus veio para estabelecer no mundo o Seu Reino formado de pecadores que querem deixar de pecar por obediência amorosa a Ele. Lembre-se: deixar de pecar é muito difícil, é como deixar de fumar, de beber ou qualquer outro vício. Quem quiser fazer parte do Reino saiba que será cooperando com Jesus para a sua própria cura.

Jesus veio exatamente para salvar pecadores como você, pois são eles que continuam matando Jesus, agora, nos corações de outros escolhidos. Sem estar em Jesus, você é um gerador de pecadores.

Veja, eu disse: "sem estar", pois pelo batismo a Trindade Santa habita em você, mas a vida da graça acontece só quando você está em Cristo. Cristo sabe o que fazer com você, você não saberá o que fazer com Cristo.

Pela morte, Jesus liberta você do pecado; pela ressurreição Ele abre para você, as portas de uma nova vida n'Ele ressuscitado.

> "Como Cristo foi ressuscitado dentre os mortos pela glória do Pai, assim também nós vivamos vida nova." (Rm 6,4).

Para que a vinda do Espírito Santo, prometido pelo Pai, pudesse acontecer, foi necessária a morte e a ressurreição de Jesus.

Não fique você pensando que foi para a humanidade que Jesus veio; pensando assim, você se dilui no todo sem perceber que foi exclusivamente por você que tudo aconteceu. Isso é muito importante.

Se você disser: Jesus veio para salvar o mundo, você não vai alcançar a realidade de que ela, a salvação, é exclusivamente para você. Creia nisso: a salvação é para você. Se assim não for, a vinda de Jesus terá sido em vão.

Jesus veio para reunir você aos outros filhos que o pecado dispersou e desagregou. A Igreja é o lugar que se dá o reencontro para a formação da unidade de cristãos sendo uns para os outros instrumentos de salvação. A fé no perdão dos pecados está relacionada com a fé no Espírito Santo junto com a fé na Igreja e na comunhão dos santos.

— *Quem não aceita ser Igreja está separado da graça da vida nova.*

Embora você tenha uma natureza mortal, Deus sempre destinou você a não morrer. A morte, portanto, entrou no mundo como consequência do pecado.

A obediência de Jesus ao Pai transformou o mal da morte em bênçãos, é o que a Igreja diz. Só como Igreja, Corpo Místico de Cristo, é que se encontra com a nova vida.

Aprofundando no conhecimento da Igreja, do ser Igreja, encontrará com a grandeza de todos os sacramentos, principalmente o do Batismo. Conhecendo-os e participando deles, você será capaz de colaborar mais e melhor com as graças de cura e libertação para poder testemunhar sua vida nova aos irmãos.

> "Aqueles que se aproxima dos Sacramentos obtêm da misericórdia divina o perdão da ofensa feita a Deus e ao mesmo tempo são reconciliados com a Igreja que feriram pecando, e a qual colabora para a sua conversão com caridade, exemplo e oração." (CIC 1422).

Você está tomando conhecimento de uma vida sobrenatural. Você é uma pessoa gerada pelo sobrenatural que é Deus; para ter com Ele a sua verdadeira vida no Espírito, vida sobrenatural.

Na realidade esta vida em Deus, que sempre foi sua, foi desmantelada pelo pecado; você se separou de Deus e não sabe mais como voltar; nem sabe mais quem é Deus. Pense bem nisso.

Só quando você vai se encontrando com Deus é que você vai tomando consciência de quem realmente você é. O seu retorno ao Pai, sua verdadeira vida vai tomando corpo na medida em que você vai descobrindo sua feiura diante da beleza que você é em Cristo Jesus. Assim, a parábola do Filho Pródigo será vivida por você naturalmente e muitos presenciarão e se salvarão por ela.

A sua conversão tanto como a minha é graça de Deus chegada a nós através de vidas convertidas, salvas. Aquele que está se afogando não conhecia seus limites, confiou na sua capacidade. Pede socorro, ele sabe que existe. Aquele que vai salvá-lo o faz, pois é sua missão. Ele o agarra e o imobiliza evitando reações de desespero. A vítima sabendo que é dependente do salva-vida, começa a cooperar aceitando suas ordens. Todo esse processo se chama "Salvação".

— *Saiba pedir ajuda.*

Quando você perceber que está perdendo a capacidade de ser feliz; perdendo o sentido da vida, peça socorro, deixe-se ser dominado, não resista, colabore; iniciará, assim, sua gratidão, seu desejo de tê-lo sempre com você, ouvir seus conselhos e colocá-los em prática, pois vale a pena.

Salvação é vida para toda a sua vida. Deveria ter iniciada ontem para ser vivida hoje. Isto deve significar necessidade de aceleração do seu envolvimento na cooperação com as graças acontecendo.

> Você não foi criado para sofrer com o mundo; foi para mostrar ao mundo o que é uma vida "por Cristo, com Cristo e em Cristo".

Você está sabendo para entender, entendendo decida querer e querendo permita acontecer.

Sem dúvida nenhuma este é um momento forte de Deus para você. Exclusivamente para você.

Sendo de Deus para você, é porque Deus quer precisar de você para que com você e por você Ele possa se mostrar a outros escolhidos.

A sua salvação me ajuda a crescer mais na minha salvação.

Quem é salvo se torna um salvador.

Parabéns e muito obrigado.

> Que você seja uma bênção de Deus, e para todos nós através da sua NOVA VIDA.

Quem realiza a minha salvação

Quarto passo para o Seminário de Vida no Espírito Santo.

Desvendando os mistérios da Salvação

Uma vez entendida e reconhecida perfeitamente sua real condição de pecador(a) motivo pelo qual você está impedido(a) de gozar da felicidade que lhe é concedida viver, tenha uma total atenção para com esta graça dedicada exclusivamente para você.

Você já conhece a passagem da palavra que fala sobre a "Promessa do Pai, Pentecostes", no capítulo 2 dos *Atos dos Apóstolos*? Seria muito bom ir lê-lo antes de continuar. Leia, numa forma de oração, com o pensamento em tudo o que você espera de Jesus.

Esta citação, você a conhece por: "Pentecostes, a Promessa do Pai".

— *O que é uma promessa?*

Promessa é algo que alguém tem e quer dar para outro que se relaciona com ele. "Quer dar", significa que, a pessoa a quem é prometido o presente deve estar em condições de saber fazer bom uso dele. Vá prestando atenção, pois isto é fundamental você entender bem.

A promessa do Pai é Pentecostes; e o que é Pentecostes? Lembre-se, você já sabe o que é AMAR.

AMAR é: "Tudo o que é meu é seu, inclusive eu".

É exatamente isso que você está entendendo: Deus que se doar a você. Deus, quer ser seu. De que forma?

Em forma de "Espírito" pelo qual se realizará, através de você, a presença d'Ele e de Jesus numa imitação da vida de Cristo vivida entre os homens; a Palavra.

— *Quem realizará sua salvação será Deus?*

Não, Deus já o salvou. Você é que ainda não decidiu aceitá-la. Falta ainda o seu aceitar, o seu querer e o seu colaborar para que Deus o deixe em condição racional de ser com Ele o salvador de outras vidas. Deus o quer para ser com você e por você o que Ele necessita ser para que outros sejam salvos como você o foi através d'Ele por outros.

Sabendo, você saberá ensinar quem ainda não sabe. Só quem é salvo sabe salvar quem está perdido. Só quem sabe o caminho pode ensinar como se chega lá. Aquele que faz de você um salvador, o faz porque você está salvo n'Ele.

"Eu e o Pai, somos um." "Sem mim nada podeis."

Nunca será você que crescerá em Deus. Será Deus que crescerá em você, no senhorio da sua vida. O seu maior prazer será de entrega: "Pai, faça-se em mim conforme a Sua vontade".

Vou repetir: salvação não é só para após a morte. Salvação é a vida pela qual você é preparado para aceitar a vontade de Deus começando por aqui e indo até a eternidade.

Podemos constatar perfeitamente o que aconteceu com os Apóstolos. Eles tinham total conhecimento de quem era Jesus. Viram com seus próprios olhos, ouviram com seus ouvidos o que Jesus fazia e dizia.

Pedro chega a dizer: "*A quem iríamos Senhor se só tu tens palavra de vida eterna*". Jesus era o Messias, o Cristo anunciado pelos profetas, não tinham mais dúvidas. No entanto, não sabiam o que fazer e nem como revelar Jesus, depois de toda verdade constatada por eles. Dá para imaginar, eles reunidos, olhando um para a cara do outro como quem diz: e agora, o que faremos?

Procure se colocar na posição deles e você se sentirá exatamente como tal. Tudo isto é para você entender a importância de Pentecostes para eles, a fim de que chegasse hoje a você também.

Nos *Atos dos Apóstolos* fica revelado que você nada é e nada conseguirá ser, sem Pentecostes. João, na sua Primeira Carta, capítulo três, diz que o evento de Jesus tornou você um filho de Deus e que ainda não se manifestou a grandeza que você vai ser: você será semelhante a Deus, você o verá como Ele é.

Como é que você poderá se alegrar, sentir-se na plenitude da felicidade diante de tal verdade revelada?

Olhe para você e veja esta cruel verdade: nada acontece, parece que não foi dito para você. Tal leitura não causa alegria e muito menos mudança na qualidade da sua vida.

Se você não tiver consciência da sua real pobreza espiritual, nunca vai acontecer a vida sobrenatural, a sua vida sendo vivida por Deus. "Eu vivo mas, não sou eu, é Cristo que vive em mim."

Os Apóstolos, conscientes disso, encontraram a saída para tal situação; reuniram-se e falaram com Deus. Entregando-se a Deus, pois sabiam que Ele tinha como transformá-los para que pudessem realizar a missão deixada por Jesus. Aconteceu o que Deus mais queria: eles estavam preparados, pois tinham recebido de Jesus todos os ensinamentos, e dispostos estavam para a vontade de Deus.

Deus queria ser com eles, os Apóstolos da Igreja de Seu Filho Jesus.

> *"Mal acabaram de rezar, tremeu o lugar onde estavam reunidos. E todos ficaram cheios do Espírito Santo, e anunciavam com destemor a Palavra de Deus."*

Como é bom ler e ficar sabendo como é que Deus vai realizando Sua vontade no meio de Seu povo. Como é importante conhecer a Palavra.

Continuando a leitura, ficamos sabendo a extraordinária transformação na vida dos que aderiram aos Apóstolos por causa de Jesus Cristo.

> "Não havia, entre eles, nenhum necessitado, porque todos os que possuíam terras ou casas vendiam-nas e depositavam nos pés dos Apóstolos, o dinheiro arrecadado."

Pronto, travou todo o entusiasmo. Tal revelação ofuscou a alegria do versículo anterior.

Se você reconhecer seu total despreparo para viver tal qual a vontade de Deus e tiver a coragem de confessar isso a Ele e estando disposto a permitir que o Espírito Santo o faça obediente à palavra conhecida, saiba, você já está em estado de salvação. Já pode sentir a salvação acontecendo.

Salvação é isso meu irmão. É você desejar essa condição de se entregar a Deus, sabendo que só Ele pode realizar a sua libertação.

Libertação é liberdade para você poder entregar sua vida a Deus. Só existe liberdade quando você sente alegria de viver Com Cristo aprendendo; Por Cristo na obediência e Em Cristo como seu servo e Ele Senhor.

Você é muito importante para Deus. Ele quer realizar vidas novas através de você e só pode realizá-la com sua permissão. Só quando Deus realiza vida, através de você, é que os agraciados podem ver Deus em você. O Deus que está neles os faz reconhecer que é o mesmo Deus que está em você. O Espírito Santo nos revela Deus através dos irmãos cheios da graça, cheios de Deus, não é assim mesmo?

É verdade o que a música diz: "Deus quer ver você sorrindo" independente da situação. Você vai constatar que ser feliz é só quando você está conquistando para Jesus, pelo seu jeito de ser, aqueles que não conseguem se libertar do sistema de vida do mundo: insegurança, tristezas, mágoas, ódio, fofocas, julgamentos, depressão, todos os tipos de desordens que você tão bem conhece. Você é capaz de notar as diferenças dos que sofrem por não permitir a vida cristã em suas vidas.

Quem é do mundo decretou-se ser sofredor; quem entra na vida do Reino vai se libertando do mundo e aderindo à vida de paz e felicidade prometida por Jesus, a vida pela fé.

"Felizes são aqueles que ouvem a palavra e a põem em prática." "Se permanecerdes em mim e minhas palavras permanecerem em vós, pedi o que quiserdes e vos será dado. Nisto meu Pai é glorificado: que deis muito fruto e vos torneis meus discípulos." Palavra da salvação, *Jo* 15.

A Palavra é vida para quem quer viver pelo Espírito. Na medida em que você vai se entregando ao Espírito Santo, Ele vai fazendo de você um apaixonado pela Palavra.

Isso é salvação, isso é ser salvo

Este Seminário de Vida no Espírito é Deus atraindo você para Ele. Ser salvo é estar sendo libertado por Jesus, o Senhor. É estar sentindo alegria em ser o que você jamais imaginaria que pudesse ser. É estar consciente da obra de Deus acontecendo na sua vida.

Fundamentos da Fé

Aquele que está sendo salvo é aquele que está em conversão. Não existe salvação sem conversão como não existe conversão sem salvação.

— *Conversão e salvação.*

Conversão e salvação são o seu racional percebendo a presença de Deus. É o seu racional sendo convencido e aderindo àquilo que o Espírito quer. Salvação e conversão são você se tornando íntimo de Deus pelo Espírito Santo.

Na salvação e conversão a Palavra vai se tornando vida: "Seduziste-me Senhor, e eu me deixei seduzir". "Creio Senhor, mas aumentai a minha fé". A Palavra vai se tornando vida na sua vida.

Jesus nada escreveu, Ele só ensinou como viver. Os homens que a viveram é que a escreveram para que você soubesse que ela é Verdade e Vida e vida eterna.

Pela sua vida de salvação é que outros são atraídos a experimentá-la, por estarem assistindo a sua nova qualidade de vida.

Você, como salvo, vai convencê-los de que a Palavra, ensinada pelo Espírito, é verdadeiramente palavra de Vida.

Quem realiza verdadeiramente a sua salvação é Cristo, através da sua permissão e sua colaboração, como membro atuante da Igreja, UNA, SANTA, CATÓLICA, APOSTÓLICA ROMANA.

Jesus liberta você na Igreja, pela Igreja e para a Igreja. Sendo Igreja, você evangeliza o mundo que está ao seu lado.

Isso é ser salvo, isso é a vida prometida por Deus que é seu Pai, por Jesus Cristo, Seu Filho único.

"Eu sou o Caminho, a Verdade e a Vida."

COMO E PARA QUE PERMANECER VIVENDO COMO SALVO?

Quinto passo para o Seminário de Vida no Espírito.

Cada tema deste seminário de vida no Espírito Santo é muito importante, mas este último é importantíssimo. Você verá porque, pelo fato de saber o que é, viver como salvo.

Vamos consolidar este saber: "Viver como salvo é o constante prazer em permitir o Espírito Santo realizar a sua vida conforme a vontade d'Ele".

— *Quem você deve ser?*

Você deve ser aquele que tem que ser: filho, marido, esposa, pai, mãe, vizinho, amigo, companheiro no trabalho, na Igreja; enfim, aquilo que você é no seu dia a dia, pelo Espírito Santo de maneira natural. Sua postura e personalidade serão de tal modo que todos perceberão algo diferente, principalmente os que convivem com você. Você não saberá sentir o Espírito de Deus em você, mas perceberá pela sua alegria interior; pelo prazer em comunicar-se. Dá pra imaginar o olhar deles apreciando seu jeito diferente de ser? Tá percebendo que beleza vai ser?

Permanecer vivendo como salvo é tudo que Deus quer de você. Ficará fácil para Deus atrair outros escolhidos por causa de você; primeiro os seus, e todos os que convivem na sua companhia.

Esse é o grande "PARA QUE" Deus quer precisar de. Você vai se sentir honrado com isso.

Tal situação de intimidade com Deus praticamente dependerá da sua disposição.

Deus é o que é: Amor. O Amor quer comunicar-se com seu amado ininterruptamente. O amado é que corresponde com o amante. Portanto, o seu viver ininterrupto no Espírito vai depender de você.

Depender de você não significa que será você quem realizará esta contínua e ininterrupta convivência com o Espírito Santo, mas será você quem romperá ou não com esta união iniciada pela graça de Deus.

Isto é muito sério, sugiro muita aplicação sua neste assunto. Perceba quanta ajuda vai necessitar para estar em disposição permanente com Deus. Já disse, no início, sobre as dificuldades para a sustentação desta sua nova vida.

Creia numa única coisa: Deus o conhece como ninguém; sabe de tudo que precisa fazer para você corresponder com o plano da sua salvação programada por Ele. Tudo o que você está sabendo é o plano de Deus para salvá-lo do estrago que o pecado continua fazendo em você.

Ele mesmo já estabeleceu um plano para que você possa ir até o fim desta caminhada na salvação.

Poderíamos chamá-lo: Pentecostes contínuo ou uma contínua atração de você para Deus.

— *Pentecostes contínuo.*

Antes do primeiro Pentecostes, os Apóstolos, até então discípulos, acompanharam Jesus em tudo o que Ele fazia e dizia. Jesus os ensinava pessoalmente alertando-os de que tudo estava profetizado sobre Ele. Os Apóstolos entenderam perfeitamente o 'para que' Jesus os escolhera. Jesus sempre ensinava o que seria deles após Sua ressurreição. Jesus alertava-os de todos os sofrimentos que teriam que enfrentar por causa d'Ele. Os Apóstolos sentiram-se plenamente conscientes da missão que os esperava, embora não entendessem o que seria uma ressurreição nem uma vinda do Espírito Santo.

Podemos entender que a vida toda de Jesus, inclusive a necessidade de realizar prodígios e milagres, sempre foi em função de Pentecostes.

Jesus deixou provado que Ele era o Filho de Deus. "Eu e o Pai somos um."

A vida que Jesus realizou foi o modelo de vida a ser implantada no mundo, criando assim o Seu Reino, inaugurado pela vida dos Apóstolos na condução do Espírito Santo.

Pentecostes mais os Apóstolos é o início do Reino de Deus no meio dos homens deste mundo.

Foi pela vida de Jesus que o Espírito fundou e estruturou a Igreja com o Papa, bispos, padres, vocacionados, vocacionadas, leigos e os sacramentos.

— *Pentecostes é "CONSEQUÊNCIA" daquilo que está programado por Deus.*
Isto é fundamental você entender, caso contrário os frutos não acontecerão; digo mais, será sempre um testemunho negativo em prejuízo da obra de Deus para a sua salvação e de outros mais.

Para que haja um Pentecostes na sua vida é necessário tomar conhecimento das consequências exigidas. Elas serão tantas que será necessário estar preparado.

"Não será mais você que vai viver para você, sua vida será para testemunhar Cristo para todos os que com você convivem". O prazer da sua vida será esse.

Pentecostes não é só um momento do Espírito. Pentecostes é uma adesão sobrenatural, é um novo viver pelo Espírito. O mundo não sabe o que é isso; por isso só agora é que você está sabendo.

Pentecostes não acontece junto com uma emoção. Pentecostes é a tranquilidade daquilo que agora você está decidido permitir ser.

Ajude outras pessoas bem intencionadas a não promoverem momentos de "Efusão do Espírito Santo" sem o conhecimento e os propósitos necessários. Tal prática irá banalizar tão importante graça, não dará frutos e o pior, enfraquecerá a fé de inocentes escolhidos por Deus.

Pentecostes foi um momento de inauguração da Igreja para a permanência constante do Espírito aos que dela fazem parte, formando o Corpo Místico de Cristo.

Pentecostes, agora, é todo momento do Espírito para todos os momentos seu.

Neste momento você pode estar se oferecendo à vontade de Deus, reconhecendo-se pecador e não merecedor de pertencer a Deus.

Este reconhecer é também de uma importância fundamental. Existindo, significa o dom da humildade pelo qual é possível a abertura do seu coração para Deus. Caso contrário, será mais uma decepção sua.

Os que nós chamamos de santos, e o foram, sempre testemunharam sua insignificância diante da misericórdia de Deus; consideravam-se pequenos demais para tanta graça do querer ser para Deus.

Os santos foram homens de pleno conhecimento de sua natureza pecadora; dependentes inteiramente da misericórdia de Deus.

Você é chamado a ser santo sem perder sua natureza pecadora, ou seja, mesmo sendo santo poderá cometer pecados. Daí que, para você sustentar sua santidade, sabendo que pode pecar, tem que ser total sua dependência sob o comando do Espírito Santo.

— *Pentecostes é Deus por você para você poder ser por Ele.*

Essa experiência deixará claro quem é você para Deus. Foi Deus quem o criou e lhe criou d'Ele. Você tem parte com Deus porque você é parte d'Ele.

Pentecostes não é mais o Espírito descendo sobre você, Ele já está em você.

Pentecostes, agora, é o Espírito elevando você a Deus, porque Ele quer mostrar você ao seu mundo.

"Este é o Meu filho muito amado em que pus todo Meu amor."

A princípio tudo parece uma coisa de louco, uma fantasia, porque tem que passar pelo racional e o racional não alcança o sobrenatural.

Você não pode ser Deus, mas Deus pode ser Deus por você.

— *O dom da paciência.*

Tenha paciência, oração é para isso, para pedir ajuda para as coisas que temos dificuldades de aceitar, mesmo sabendo ser verdade.

Confie naquele que disse: "Eu sou o Caminho a Verdade e a Vida".

Se o pecado o tornou natural, ou seja, só racional, por isso pecador, Jesus é a possibilidade de você voltar a ser como Deus: SOBRENATURAL. (vida pelo Espírito Santo).

É da vida de Jesus que hoje sabemos de tudo isto. Você é também sobrenatural. Você é de Deus.

Fontes pesquisadas

Bíblia Sagrada. São Paulo: Ed. Ave Maria, 1995.
Bíblia Sagrada. Tradução da CNBB com introduções e notas. 6ª ed. Brasília: Edições CNBB e Editora Canção Nova, 2007.
CATECISMO da Igreja Católica. 9ª ed. São Paulo: Loyola, 2004.
CANTALAMESSA, Raniero. O Mistério da Ceia. Aparecida: Santuário, 1993.
NIETO, Evaristo Martín. Pai-Nosso: a oração da utopia. Trad. Alda da Anunciação Machado. São Paulo: Paulinas, 2001.
ALMEIDA, João Carlos (Pe. Joãozinho). Combate Espiritual. São Paulo: Edições Loyola, 1996.
STINISSEN, Wilfried. A noite escura segundo São João da Cruz. 2ª ed. São Paulo: Edições Loyola, 2001.

Além destes, tudo aquilo que dos santos, vivos e mortos, chegou ao meu conhecimento.

Visite o blog do autor:
machadom.blogspot.com